Johann Jacob Baeyer

Das Messen auf der Sphäroidischen Erdoberfläche

als Erläuterung meines Entwurfes zu einer mitteleuropäischen Gradmessung

Johann Jacob Baeyer

Das Messen auf der Sphäroidischen Erdoberfläche
als Erläuterung meines Entwurfes zu einer mitteleuropäischen Gradmessung

ISBN/EAN: 9783743453609

Hergestellt in Europa, USA, Kanada, Australien, Japan

Cover: Foto ©berggeist007 / pixelio.de

Manufactured and distributed by brebook publishing software
(www.brebook.com)

Johann Jacob Baeyer

Das Messen auf der Sphäroidischen Erdoberfläche

Das Messen
auf der
Sphäroidischen Erdoberfläche.

Als

Erläuterung meines Entwurfes zu einer mitteleuropäischen Gradmessung.

Nebst 4 Figurentafeln.

Von

J. J. Baeyer,

Generallieutenant z. D., auswärtigem Mitgliede der Königl. Schwedischen Akademie der Sciences Militaires, correspondirendem Mitgliede der Kaiserlichen Akademie der Wissenschaften zu St. Petersburg, Ehrenmitgliede der K. k. geographischen Gesellschaft zu Wien und Mitglied mehrerer gelehrten Gesellschaften.

Berlin.
Druck und Verlag von Georg Reimer.
1862.

Vorwort.

Die günstige Aufnahme, welche mein Entwurf zu einer mitteleuropäischen Gradmessung bei den Gelehrten gefunden; ganz besonders aber das wissenschaftliche Interesse, welches die hohen Staatsregierungen durch ihre Betheiligung an diesem gemeinschaftlichen Unternehmen zu erkennen gegeben haben, legten mir die Verpflichtung auf, die allgemeinen Andeutungen meines Entwurfes näher zu präcisiren und so zu formuliren, dass wenigstens vorläufig positive Resultate gewonnen werden können.

Die Grösse dieser Aufgabe drückte so lange auf mich, wie eine schwere Last, als ich mich, dem Ganzen, gegenüber allein fühlte, aber dieser Druck wich bald der Betrachtung, dass ich ja nicht mehr allein stehe, dass viele Hände, kräftiger als die meinige, zur Unterstützung bereit seien und dass ich nur als Gründer des Unternehmens die Zeichnung der Beiträge zu eröffnen hätte.

Das Gefühl, mich als Mitglied einer grossen wissenschaftlichen Unternehmung ansehen, mit so vielen ausgezeichneten Männern an einem grossen Werke gemeinschaftlich arbeiten, nach einem gemeinsamen Ziele streben zu können, verscheuchte bald jeden Scrupel und wirkte so belebend auf meine Thätigkeit, dass die Arbeit mir zusehens unter den Händen wuchs und wohl den dreifachen Umfang erreichte von Dem, was ich ursprünglich beabsichtigte. Ein erschwerender Umstand dabei war, dass sie nothwendig vor den diesjährigen Sommerarbeiten beendigt werden musste, weil sonst ihr Erscheinen fast um ein ganzes Jahr verzögert worden wäre.

Den theoretischen Theil habe ich in dem kurzen Zeitraum von Weihnachten bis Ostern ausgearbeitet, er kann daher selbstverständlich nicht überall wissenschaftliche Vollendung beanspruchen, aber ich hoffe, dass er seinen Zweck, den gemeinschaftlichen Arbeiten als erste Grundlage zu dienen, erfüllen werde.

Das vorliegende Werkchen ist also seiner Entstehung nach eine Gelegenheitsschrift, und wie gern ich auch für die älteren Arbeiten die Autoren citirt hätte, so war mir doch, in der so knapp zugemessenen Zeit, weder möglich, mir die darüber vorhandene Literatur zu verschaffen, noch nachzulesen. Ich verwahre mich daher gegen den etwaigen Vorwurf, als ob ich mir Fremdes hätte aneignen wollen. Im Allgemeinen bin ich meinem hochverehrten Lehrer und lieben Freunde Bessel gefolgt und Sachkenner werden leicht unterscheiden, was bereits bekannt war und was ich neu hinzugefügt habe.

Als neu und wichtig mache ich auf den §. 24 aufmerksam, in dem Weingarten beweist, dass die gewöhnliche Triangulirungsmethode ganz unabhängig von der Figur der Erde ist, und dass man durch sie bis incl. der dritten Potenz der Entfernungen, also innerhalb der Grenzen der Dreiecksseiten, auf allen krummen Oberflächen richtige Resultate erhält.

Was die Darstellung anbetrifft, so werden die Gelehrten mich der Weitläufigkeit beschuldigen; ich bitte sie deshalb, über diesen Punkt um deswillen hinwegsehen zu wollen, weil ich hauptsächlich die Praktiker im Auge gehabt habe und mir die Aufgabe gestellt hatte, die Entwickelungen so detaillirt zu geben, dass Niemand Zeit mit dem Aufsuchen verschiedener Transformationen verlieren, und beim ersten Durchlesen den ganzen Entwickelungsgang mit voller Klarheit übersehen sollte.

— v —

Da es mir nicht möglich war, alle Formeln hinsichtlich ihrer praktischen Brauchbarkeit zu prüfen, so werden sich wohl noch mancherlei Mängel herausstellen; ich richte daher an alle geehrten Mitarbeiter die freundliche Bitte, wenn sie dergleichen finden, oder diese oder jene zweckmässigere Behandlung einer Aufgabe entdecken sollten, mir gefälligst Mittheilung davon zu machen. Ich werde sorgfältig alle Beiträge sammeln und unablässig bemüht sein, unser gemeinschaftliches Werk der möglichsten Vollendung entgegen zu führen. Einen solchen Mangel habe ich selbst schon in §. 26 entdeckt. Die dort gegebene näherungsweise Ausgleichung reicht zwar aus, um vorläufig die etwa vorhandenen Abweichungen der Lothlinie zu erkennen; sie genügt aber nicht zur definitiven Lösung der Aufgabe, und zwar aus dem Grunde, weil das Product $\cos \varphi \sin \alpha$ unverändert bleibt, wenn der eine Factor um eben so viel zu gross ist, als der andere zu klein. Es müssen daher zur definitiven Bestimmung noch neue Bedingungen hinzukommen, oder es muss die Behandlung der vorhandenen Bedingungsgleichungen in aller Strenge durchgeführt werden.

Neue Bedingungsgleichungen geben z. B. die telegraphisch gemessenen Längenunterschiede, indem sie für jede Polarcoordinate den dritten Winkel am Pol liefern, also das sechste Stück in dem sphäroidischen Dreieck, welches jede Coordinate mit dem Pol bildet. Nach Bessels Formeln §. 10 und §. 11 können sämmtliche Stücke des Dreiecks auf die Sphäre gebracht und die drei Winkel desselben mit dem sphärischen Excess verglichen werden. Man erhält also beispielsweise

$$a' + 360° - a + w + \text{sphär. Red.} = 180° + \varepsilon, \quad \text{daher auch}$$
$$a' + 360° - a + w = 180° + \varepsilon - \text{sphär. Red.}.$$

Die gemessenen Längenunterschiede fügen also jeder Polarcoordinate eine solche Bedingungsgleichung hinzu, und da sie mit einem hohen Grade der Genauigkeit gemessen werden können, wie Prof. Peters in seinem vortrefflichen Werke: „Ueber die Bestimmung des Längenunterschiedes zwischen Altona und Schwerin, Altona 1861" gezeigt hat, so muss ihre Ausführung in möglichster Ausdehnung sehr wünschenswerth erscheinen.

Bei den Rechnungen im fünften Abschnitt hat mich mein Gehülfe bei der Gradmessung, der Hauptmann Löwe, aggregirt dem 4ten westphäl. Inf. Reg. No. 17, ein geschickter Geodät und geübter Rechner, auf das Eifrigste unterstützt und viel zum schnellen Abschluss der Arbeit beigetragen, so dass ich mich verpflichtet fühle, ihm hier meinen Dank dafür auszusprechen.

So übergebe ich denn diese Erläuterungen zu meinem Entwurfe den geehrten Mitarbeitern als eine vorläufige Grundlage zu dem gemeinschaftlichen Unternehmen. Mögen sie dieselbe nach allen Richtungen prüfen, ihre Fehler verbessern und ihre schwachen Stellen verstärken, auf dass ihre Festigkeit so erprobt sei, dass darauf mit Sicherheit ein stattlicher Bau aufgeführt werden könne.

Ich habe diese Erläuterungen mit der Freudigkeit niedergeschrieben, die ein grosses Unternehmen einflösst und die jede Anstrengung leicht macht; ich begleite sie mit dem lebendigen Wunsche, dass sie bei allen Mitarbeitern das Vertrauen befestigen und unser Aller Interesse an der Sache so innig verbinden möge, dass unser Werk ein Werk werde, von dem man sagen kann

Einigkeit giebt Kraft!

Berlin, im Mai 1862.

J. J. Baeyer.

Inhaltsverzeichniss.

Erster Abschnitt.
Die verticalen Schnitte des Rotationsellipsoids.

		Seite
§. 1.	Vorbemerkungen und Elemente des Bessel'schen Erdsphäroids.	1
§. 2.	Die Gleichung des verticalen Schnittes, bezogen auf die Lothlinie und Tangente des Standpunktes als Coordinatenaxen.	3
§. 3.	Transformation der vorigen Coordinaten auf den Mittelpunkt.	6
§. 4.	Krümmungsradien der verticalen Schnitte und Bestimmung einiger damit in Verbindung stehender Linien und Winkel.	12
§. 5.	Umformung der Formeln der Krümmungsradien für logarithmische Rechnung und Entwickelung derselben in Reihen.	18
§. 6.	Rectification der elliptischen Bögen.	21
§. 7.	Gleichung des verticalen Schnittes, der in einem gegebenen Punkt A durch einen anderen gegebenen Punkt B gelegt wird.	23

Zweiter Abschnitt.
Die Auflösung der sphäroidischen Dreiecke zunächst nach Bessel, dann direct.

§. 8.	Die Eigenschaften der kürzesten Linie auf einer durch Rotation entstandenen Oberfläche.	27
§. 9.	Formation der Differentialgleichungen für die kürzeste Linie und den Längenunterschied.	30
§. 10.	Integration der Differentialformel $\delta s = a\sqrt{1-ee\cos^2 u}.\delta\sigma$. — Die Bessel'schen Hülfstafeln.	32
§. 11.	Integration der Differentialformel $\delta w = \sqrt{1-ee\cos^2 u}.\delta\omega$.	38
§. 12.	Berechnung der Abstände der astronomisch bestimmten Punkte von ihren Parallelen.	45
§. 13.	Andere Methode die Abstände der Parallelen zu berechnen und Bestimmung der Parallelbögen selbst.	48
§. 14.	Directe Bestimmung der kürzesten Linie.	52
§. 15.	Directe Bestimmung des Längenunterschiedes.	55
§. 16.	Bestimmung der Länge des verticalen Schnittes.	57
§. 17.	Bestimmung des Unterschiedes zwischen dem Azimuth des verticalen Schnittes und dem der geodätischen Linie.	61

Dritter Abschnitt.
Die Triangulation und die Berechnung der Coordinaten.

§. 18. Die Reduction der Winkel auf den Horizont. 68
§. 19. Der Legendresche Satz mit einer Erweiterung nach Bessel. 70
§. 20. Die Messung der horizontalen Winkel. 74
§. 21. Die Berechnung des Dreiecksnetzes. 78
§. 22. Berechnung der Längen, Breiten und Azimuthe der Dreieckspunkte. . . . 82
§. 23. Berechnung der Polarcoordinaten. 84
§. 24. Allgemeine Untersuchung über die geodätischen Linien und die verticalen Schnitte auf krummen Oberflächen. 87

Vierter Abschnitt.
Die astronomisch-geodätischen Operationen.

§. 25. Bestimmung der Excentricität und Abplattung für jede Polarcoordinate. . . . 94
§. 26. Bildung und Ausgleichung des astronomisch-geodätischen Netzes der Polarcoordinaten. 95
§. 27. Uebersicht der gewonnenen Resultate. 96

Fünfter Abschnitt.
Praktische Anwendungen der Theorie.

§. 28. Die trigonometrischen Reihen. 102
§. 29. Behandlung des Polygons Berlin, Trunz, Königsberg, Memel nach §. 26. Vergleichung mit dem Besselschen Sphäroid. Abweichung der Lothlinie in Königsberg. 103
§. 30. Bestimmung der Erddimensionen aus der Polarcoordinate Berlin Trunz. . . . 117

Bessels Tafeln
zur Berechnung der geodätischen Vermessungen. 122

Erster Abschnitt.
Die verticalen Schnitte des Rotationsellipsoids.

§. 1. Vorbemerkungen.

Die mathematische Figur der Erde, welche den theoretischen Untersuchungen zu Grunde gelegt wird, ist ein Rotationsellipsoid, welches durch die Umdrehung einer Ellipse um die kleine Axe erzeugt wird. Denkt man sich die Umdrehungsaxe mit der Erdaxe zusammenfallend, so stellt die Erzeugungsellipse bei der Umdrehung alle Meridiane dar. Die Meridianschnitte des Rotationsellipsoids sind daher *Ellipsen*; die auf die Axe senkrechten Schnitte, *Kreise*.

Wenn a die halbe grosse, b die halbe kleine Axe der Meridianellipse bedeuten, so ist das Quadrat ihrer Excentricität $ee = \frac{a^2-b^2}{a^2} = 1 - \frac{b^2}{a^2}$. Hieraus folgt $\frac{b}{a} = \sqrt{1-ee}$.

Die Differenz der beiden Axen in Theilen der grossen Axe ausgedrückt heisst die Abplattung. Wird dieselbe durch α bezeichnet, so ist

$$\alpha = \frac{a-b}{a} = 1 - \frac{b}{a} = 1 - \sqrt{1-ee}.$$

Die Gleichung der Ellipse vom Mittelpunkt aus ist

$$\frac{x^2}{a^2} + \frac{y^2}{b^2} = 1.$$

Die Lothlinie oder Verticallinie eines Ortes auf der Erde steht senkrecht auf der Tangential- oder Horizontalebene dieses Ortes und geht durch dessen Zenith und Nadir; sie fällt also mit der Normale der Meridianellipse zusammen, wird durch ein frei aufgehängtes Loth angedeutet, und bildet den Ausgangspunkt für alle geodätischen Winkelbestimmungen.

In Fig. 1 ist PN die Lothlinie oder die Normale der Meridianellipse. Der Winkel PiB, den die Normale mit der Aequatorsebene macht, wird die geographische Breite, oder die Polhöhe des Ortes P genannt.

Denken wir uns in Fig. 1 die Meridianebene des Ortes P um dessen Loth-linie als Axe gedreht, so lange bis sie den ganzen Horizont des Ortes durchlaufen hat, so durchläuft dieselbe alle an diesem Orte möglichen verticalen Schnitte des Rotationsellipsoids.

Der Winkel, den die Schnittebene in einer bestimmten Lage mit der Meridianebene des Ortes P macht, wird das Azimuth der Schnittebene genannt.

Diejenige krumme Linie, welche durch den Schnitt unter dem Azimuth v an der Oberfläche des Rotationsellipsoids der Erde entsteht, ist die Curve des verticalen Schnittes, deren allgemeine Eigenschaften zunächst untersucht werden sollen.

Die Dimensionen der sphäroidischen Erde werden so angenommen, wie sie Bessel in Schum. Astr. Nachr. N°. 438 bestimmt, und wie Encke sie seinen Tafeln im astronomischen Jahrbuch für 1852 zu Grunde gelegt hat. Nach Bessel ist, für die Toise du Pérou bei 13°R. als Einheit,

der Logarithmus der halben grossen Axe $\log a = 6,5148235.337$,
- - - - kleinen - $\log b = 6,5133693,539$.

Hieraus hat Encke abgeleitet

$$a = 3272077^T.1399,$$
$$b = 3261139,3284,$$
$$\frac{a-b}{a} = \alpha = \frac{1}{299,15248},$$
$$\log e = 8,9122052,075,$$
$$\log \sqrt{1-ee} = 9,9985458,202,$$
$$\log \frac{a-b}{a+b} = \log n = 7,2238033,861,$$
$$n = 0,0016741,81767.$$

Ferner ist

$$\log \pi = 0,4971498,727, \quad \pi = 3,1415926,3559,$$
$$\text{arc} = \text{rad} = \frac{180°}{\pi} = 57°,2957795129 = 206264'',806247 = \frac{648000''}{\pi}.$$

Der Modul $M = 0,4342944,819$, $\log M = 9,6377843,113$,

$$\log \text{arc} - \text{rad in Graden} = 1,7581226,324 = \log \frac{180}{\pi},$$
$$\text{in Minuten} = 3,5362738,828 = \log \frac{10800}{\pi} = \log \frac{180.60}{\pi},$$
$$\text{in Secunden} = 5,3144251,332 = \log \frac{648000}{\pi} = \log \frac{180.60.60}{\pi}.$$

§. 2. Die Gleichung des verticalen Schnittes, bezogen auf die Lothlinie und Tangente des Standpunktes als Coordinatenaxen.

Es sei (Fig. 1) $ACBD$ der Durchschnitt der Erde in der Meridianebene des Ortes P, AB der Aequator und CD die Drehungsaxe. ZN bezeichne die Verticallinie, um welche die Meridianebene aus der ersten Lage in die Lage $PVUT$, um den Winkel α gedreht worden ist. Ist nun b ein Punkt in der Erdoberfläche und zugleich in der Schnittebene, so ist c seine Projection und bc ein Perpendikel auf die Ebene des Meridians. Die Aequatorsebene steht senkrecht auf der Meridianebene, legt man nun noch eine dritte Ebene durch die Rotationsaxe SY und senkrecht gegen die vorhergehenden, und fällt von dem Punkte b und seiner Projection c die Perpendikel bd und ce auf die Aequatorsebene; und die Perpendikel bf und cg auf die Ebene SY, so erhält man die Coordinaten des Punktes b in Bezug auf die drei Ebenen wie folgt

$$z = bc,$$
$$y = bd = ce, \quad \text{weil } bc \# de,$$
$$x = bf = cg.$$

Fällt man ferner von dem Punkt P die Perpendikel PR und PQ und bezeichnet dieselben durch y' und x', so sind die Coordinaten des Punktes P

$$y' = PR,$$
$$x' = PQ.$$

Fällt man nun noch von dem Punkt b ein Perpendikel bk auf die Lothlinie PN, so sind die Coordinaten des Punktes b in der Schnittebene und bezogen auf die Axen PN und PS

$$\xi = Pk,$$
$$\eta = bk.$$

Es wird nun darauf ankommen, diese beiden Coordinaten durch a, b, α und φ auszudrücken, wo a die halbe grosse, b die halbe kleine Axe der Meridianellipse, α das Azimuth der Schnittebene und φ die Polhöhe des Punktes P bedeuten.

Das Dreieck bkc ist in c rechtwinklig, man hat daher

$$bc = z = bk \sin \alpha = \eta \sin \alpha,$$
$$kc = bk \cos \alpha = \eta \cos \alpha.$$

Ferner ist $ce = y = PR - PL + el$, wo $PR = y'$; $PL = \xi \sin \varphi$; $el = kc \cos \varphi = \eta \cos \alpha \cos \varphi$. Folglich

$$y = y' - \xi \sin \varphi + \eta \cos \alpha \cos \varphi.$$

Eben so ist auch $cg = x = PQ - Pe - kl$, wo $PQ = x'$; $Pe = \xi\cos\varphi$; $kl = ke\sin\varphi = \eta\cos\alpha\sin\varphi$, woraus sich ergiebt
$$x = x' - \xi\cos\varphi - \eta\cos\alpha\sin\varphi.$$
Wir finden daher die drei Coordinaten des Punktes b
$$z = \eta\sin\alpha,$$
$$y = y' - \xi\sin\varphi + \eta\cos\alpha\cos\varphi,$$
$$x = x' - \xi\cos\varphi - \eta\cos\alpha\sin\varphi.$$

Fig. 2 stellt die Meridianebene des Punktes P dar und x', y' bezeichnen dieselben Coordinaten wie in Fig. 1. Zieht man jetzt unendlich nahe an PR die Ordinate $y' + \partial y' = pr$, so ist der unendlich kleine Abstand beider $= \partial x'$ und man hat $\frac{\partial y'}{\partial x'} = \operatorname{tg} SPQ$. Es ist aber $\angle SPQ = \angle SHR = 90° - \varphi$, aber vom Aequator an links herum gezählt, wir müssen ihn aber eben so wie φ vom Aequator rechts herum zählen, oder ihn negativ nehmen, daher
$$\frac{\partial y'}{\partial x'} = -\operatorname{tg}(90° - \varphi) = -\operatorname{cotg}\varphi.$$
Wenn man die Gleichung der Ellipse $\frac{x'^2}{a^2} + \frac{y'^2}{b^2} = 1$ differentiirt, so findet man $\frac{x'}{a^2} + \frac{y'}{b^2} \cdot \frac{\partial y'}{\partial x'} = 0$ oder $\frac{\partial y'}{\partial x'} = -\frac{b^2}{a^2} \cdot \frac{x'}{y'}$, folglich
$$\frac{b^2}{a^2} \cdot \frac{x'}{y'} = \operatorname{cotg}\varphi \text{ und } y' = \frac{b^2}{a^2} \cdot \frac{x'}{\operatorname{cotg}\varphi} = \frac{b^2}{a^2} x' \operatorname{tg}\varphi.$$
Wird dieser Werth von y' in die Gleichung der Ellipse gesetzt, so erhält man
$$x'^2 + \frac{b^2}{a^2} x'^2 \operatorname{tg}^2\varphi = a^2.$$
Nach §. 1 ist aber $\frac{b^2}{a^2} = 1 - ee$, daher
$$x'^2 = \frac{a^2}{1 + \operatorname{tg}^2\varphi - ee \operatorname{tg}^2\varphi} = \frac{a^2 \cos^2\varphi}{1 - ee \sin^2\varphi} \text{ also}$$
$$1. \quad x' = \frac{a\cos\varphi}{\sqrt{1 - ee\sin^2\varphi}}; \quad y' = \frac{a(1-ee)\sin\varphi}{\sqrt{1 - ee\sin^2\varphi}}.$$
Setzen wir diese Werthe in die Ausdrücke der Coordinaten des Punktes b, so werden sie durch bekannte Grössen und die beiden Variabelen η und ξ dargestellt, nämlich

$$2. \quad \begin{cases} z = \eta\sin\alpha, \\ y = \dfrac{a(1-ee)\sin\varphi}{\sqrt{1-ee\sin^2\varphi}} - \xi\sin\varphi + \eta\cos\alpha\cos\varphi, \\ x = \dfrac{a\cos\varphi}{\sqrt{1-ee\sin^2\varphi}} - \xi\cos\varphi - \eta\cos\alpha\sin\varphi. \end{cases}$$

Dies sind die unbestimmten Coordinaten eines Punktes b, der in dem unter dem

Azimuth α geführten verticalen Schnitte liegt. Drücken wir jetzt die Oberfläche, welcher der Punkt b angehört, durch dieselben Coordinaten aus und substituiren in dieser Gleichung die gefundenen Werthe, so muss der Punkt b für jeden Werth seiner Coordinaten zugleich in der Oberfläche und in der Schnittebene liegen, d. h. wir erhalten alsdann die Gleichung der Curve des Schnittes dargestellt durch die Coordinaten η und ξ.

Die allgemeine Gleichung eines Ellipsoids, dessen Axen a, b und c sind, ist

$$\frac{x^2}{a^2} + \frac{y^2}{b^2} + \frac{z^2}{c^2} = 1.$$

Bei dem Rotationsellipsoid sind aber der Aequator und alle damit parallel geführten Schnitte Kreise, daher sind zwei Axen einander gleich. Nehmen wir also b als Rotationsaxe an, so folgt $a = c$ und wir erhalten für die Oberfläche des Rotationsellipsoids die Gleichung

$$\frac{x^2 + z^2}{a^2} + \frac{y^2}{b^2} = 1.$$

Führen wir die unter 2. gefundenen Werthe von z, y und x hier ein, so steigt die Gleichung in Bezug auf η und ξ nicht über den zweiten Grad, sie stellt also einen Kegelschnitt dar, und da die Schnittcurve geschlossen sein muss, so kann sie nur ein Kreis oder eine Ellipse sein.

Da nach §. 1 $b^2 = a^2(1 - ee)$ ist, so geht für diesen Werth die Gl. 3 über in

$$1 = \frac{x^2 + z^2}{a^2} + \frac{y^2}{a^2(1 - ee)} \quad \text{oder in}$$

$$0 = (1 - ee)(x^2 + z^2 - a^2) + y^2.$$

Aus den Gleichungen 2. erhalten wir

$$x^2 = \eta^2 \cos^2\alpha \sin^2\varphi + \xi^2 \cos^2\varphi + \frac{a^2 \cos^2\varphi}{1 - ee \sin^2\varphi} + 2\eta\xi \sin\varphi \cos\varphi \cos\alpha$$
$$- \frac{2\eta a \sin\varphi \cos\varphi \cos\alpha}{\sqrt{1 - ee \sin^2\varphi}} - \frac{2a\xi \cos^2\varphi}{\sqrt{1 - ee \sin^2\varphi}}$$

$$z^2 = \eta^2 \sin^2\alpha$$
$$-a^2 = -a^2$$

$$(1-ee)(x^2+z^2-a^2) = (1-ee)\Big\{\eta^2(\sin^2\alpha + \cos^2\alpha \sin^2\varphi) + \xi^2 \cos^2\varphi + \frac{a^2 \cos^2\varphi}{1 - ee \sin^2\varphi} - a^2$$
$$+ 2\eta\xi \sin\varphi \cos\varphi \cos\alpha - \frac{2\eta a \sin\varphi \cos\varphi \cos\alpha}{\sqrt{1 - ee \sin^2\varphi}} - \frac{2a\xi \cos^2\varphi}{\sqrt{1 - ee \sin^2\varphi}}\Big\}$$

$$y^2 = \eta^2 \cos^2\alpha \cos^2\varphi + \xi^2 \sin^2\varphi + \frac{a^2(1-ee)^2 \sin^2\varphi}{1 - ee \sin^2\varphi}$$
$$- 2\eta\xi \sin\varphi \cos\varphi \cos\alpha + \frac{2\eta a(1-ee) \sin\varphi \cos\varphi \cos\alpha}{\sqrt{1 - ee \sin^2\varphi}} - \frac{2a\xi(1-ee) \sin^2\varphi}{\sqrt{1 - ee \sin^2\varphi}}$$

und nun durch Addition

$$0 = \eta^2[(1-ee)(\sin^2\alpha + \cos^2\alpha\sin^2\varphi) + \cos^2\alpha\cos^2\varphi] + \xi^2[(1-ee)\cos^2\varphi + \sin^2\varphi] + (1-ee)\left(\frac{a^2\cos^2\varphi}{1-ee\sin^2\varphi} - a^2\right)$$
$$+ \frac{a^2(1-ee)^2\sin^2\varphi}{1-ee\sin^2\varphi} - 2\eta\xi[\sin\varphi\cos\varphi\cos\alpha(1-(1-ee))] - \frac{2a\xi(1-ee)}{1-ee\sin^2\varphi}.$$

Die Coefficienten der Variabelen η und ξ lassen sich noch sehr vereinfachen. Setzt man in dem Coefficienten von η^2 für $\sin^2\varphi$ seinen Werth $1-\cos^2\varphi$, und berücksichtiget, dass $\sin^2\alpha + \cos^2\alpha = 1$ ist, so findet man

$$(1-ee)[\sin^2\alpha + \cos^2\alpha(1-\cos^2\varphi)] + \cos^2\alpha\cos^2\varphi$$
$$= (1-ee)(1-\cos^2\alpha\cos^2\varphi) + \cos^2\alpha\cos^2\varphi$$
$$= 1-ee + ee\cos^2\alpha\cos^2\varphi.$$

Der Coefficient von ξ^2 wird unmittelbar $= 1-ee\cos^2\varphi$.

Das nun folgende Glied, wenn man a^2 aus der Parenthese nimmt und auf einerlei Nenner bringt, ist $a^2(1-ee)\left\{\frac{\cos^2\varphi - 1 + ee\sin^2\varphi}{1-ee\sin^2\varphi}\right\}$ oder

$$= -a^2(1-ee)\left\{\frac{1-\cos^2\varphi - ee\sin^2\varphi}{1-ee\sin^2\varphi}\right\} = -\frac{a^2(1-ee)^2\sin^2\varphi}{1-ee\sin^2\varphi}$$

und hebt sich gegen das darauf folgende Glied auf.

Der Coefficient von $2\eta\xi$ wird $= ee\sin\varphi\cos\varphi\cos\alpha$.

Wir erhalten daher für die Gleichung der Schnittcurve:

4. $\quad 0 = \eta^2(1-ee+ee\cos^2\alpha\cos^2\varphi) + \xi^2(1-ee\cos^2\varphi) - 2\eta\xi ee\sin\varphi\cos\varphi\cos\alpha - \frac{2\xi a(1-ee)}{1-ee\sin^2\varphi}.$

In dieser Gleichung sind die Coordinatenaxen die Lothlinie der Schnittcurve und ihre Tangente in P; sie kann aber auch auf die gewöhnliche Form $1 = \frac{x^2}{a^2} + \frac{y^2}{b^2}$, wo die Coordinaten vom Mittelpunkt an zählen, gebracht werden, wodurch ihre Anwendung wesentlich erleichtert wird.

§. 3. Transformation der vorigen Coordinaten auf den Mittelpunkt.

Es sei $ABCD$ (Fig. 3) die Ellipse des verticalen Schnittes; ZN und RS die Coordinatenaxen der Gleichung 4. und ξ und η die Coordinaten des Punktes b, so wird HA die halbe grosse und HC die halbe kleine Axe des Schnittes sein, bezeichnen wir die erste mit a', die zweite mit b'; die Coordinaten des Punktes b in Bezug auf diese Axen mit x', y'; die Coordinaten des Punktes P mit x'', y'' und den $\angle PFA$ mit λ, so kommt es darauf an, diese Grössen sämmtlich zu bestimmen.

Aus Fig. 3 ergiebt sich

$$x'' - x' = Pt = Pw + wt = \xi\cos\lambda + r_i\sin\lambda,$$
$$y'' - y' = -bt = (bn - kw) = -(r_i\cos\lambda - \xi\sin\lambda) = \xi\sin\lambda - r_i\cos\lambda, \quad \text{folglich}$$
$$x' = x'' - \xi\cos\lambda - r_i\sin\lambda,$$
$$y' = y'' - \xi\sin\lambda + r_i\cos\lambda.$$

Die Gleichung der Ellipse vom Mittelpunkt aus ist

$$1 = \frac{x'^2}{a'^2} + \frac{y'^2}{b'^2} = \frac{x'^2}{a'^2} + \frac{y'^2}{a'^2(1-u)},$$

wo u die Excentricität bedeutet und $= \frac{a'^2 - b'^2}{a'^2}$ ist.

Setzen wir jetzt die für x' und y' gefundenen Werthe in diese Gleichung, so verschwinden x' und y' daraus, und wir erhalten eine neue Gleichung zwischen den früheren Coordinaten r_i und ξ, die uns zur Bestimmung der obigen unbekannten Grössen führen wird. Wir erhalten zunächst

$$\frac{x'^2}{a'^2} = \frac{1}{a'^2}\{x''^2 + \xi^2\cos\lambda^2 + r_i^2\sin\lambda^2 - 2x''\xi\cos\lambda - 2x''r_i\sin\lambda + 2r_i\xi\cos\lambda\sin\lambda\},$$
$$\frac{y'^2}{b'^2} = \frac{1}{b'^2}\{y''^2 + \xi^2\sin\lambda^2 + r_i^2\cos\lambda^2 - 2y''\xi\sin\lambda + 2y''r_i\cos\lambda - 2r_i\xi\sin\lambda\cos\lambda\}.$$

Die Substitution dieser Werthe in die Gleichung der Ellipse giebt

$$1 = \frac{x''^2}{a'^2} + \frac{1}{a'^2}\{r_i^2\sin\lambda^2 + \xi^2\cos\lambda^2 + 2r_i\xi\sin\lambda\cos\lambda - 2x''r_i\sin\lambda - 2x''\xi\cos\lambda\}$$
$$+ \frac{y''^2}{b'^2} + \frac{1}{b'^2}\{r_i^2\cos\lambda^2 + \xi^2\sin\lambda^2 - 2r_i\xi\sin\lambda\cos\lambda + 2y''r_i\cos\lambda - 2y''\xi\sin\lambda\}.$$

Da $\frac{x''^2}{a''^2} + \frac{y''^2}{b''^2} = 1$ ist, so erhält man nach η und ξ geordnet

$$0 = r_i^2\left\{\frac{\sin\lambda^2}{a'^2} + \frac{\cos\lambda^2}{b'^2}\right\} + \xi^2\left\{\frac{\cos\lambda^2}{a'^2} + \frac{\sin\lambda^2}{b'^2}\right\} + 2r_i\xi\left\{\frac{\sin\lambda\cos\lambda}{a'^2} - \frac{\sin\lambda\cos\lambda}{b'^2}\right\}$$
$$- 2r_i\left\{\frac{x''\sin\lambda}{a'^2} - \frac{y''\cos\lambda}{b'^2}\right\} - 2\xi\left\{\frac{x''\cos\lambda}{a'^2} + \frac{y''\sin\lambda}{b'^2}\right\}.$$

Diese Gleichung stellt mit der Gleichung 4. für dieselben Coordinaten dieselbe Curve dar, es müssen daher die Coefficienten der gleichnamigen Glieder übereinstimmen, wenn man sie noch mit einem willkürlichen Factor m multiplicirt; denn da beide Gleichungen auf 0 gebracht sind, so kann ein Factor, der die völlige Indentität hergestellt hätte, verschwunden sein. Aus der Vergleichung der Coefficienten erhält man daher folgende sechs Gleichungen

— 8 —

1. $m\left\{\dfrac{\sin\lambda^2}{a^{\prime\prime2}} + \dfrac{\cos\lambda^2}{b^{\prime\prime2}}\right\} = 1 - ee + ee\cos^2 a \cos^2\varphi$,

2. $m\left\{\dfrac{\cos\lambda^2}{a^{\prime\prime2}} + \dfrac{\sin\lambda^2}{b^{\prime\prime2}}\right\} = 1 - ee\cos^2\varphi$,

3. $m\left\{\dfrac{\sin\lambda\cos\lambda}{a^{\prime\prime2}} - \dfrac{\sin\lambda\cos\lambda}{b^{\prime\prime2}}\right\} = -ee\sin\varphi\cos\varphi\cos a$,

4. $m\left\{\dfrac{x^{\prime\prime}\cos\lambda}{a^{\prime\prime2}} + \dfrac{y^{\prime\prime}\sin\lambda}{b^{\prime\prime2}}\right\} = \dfrac{a(1-ee)}{\sqrt{1-ee\sin^2\varphi}}$,

5. $\dfrac{x^{\prime\prime}\sin\lambda}{a^{\prime\prime2}} - \dfrac{y^{\prime\prime}\cos\lambda}{b^{\prime\prime2}} = 0$,

6. $\dfrac{x^{\prime\prime2}}{a^{\prime\prime2}} + \dfrac{y^{\prime\prime2}}{b^{\prime\prime2}} = 1$ (Gl. der Ellipse).

Aus diesen Gleichungen können die sechs Unbekannten $x^{\prime\prime}$, $y^{\prime\prime}$, $a^\prime$, $b^\prime$, λ und m bestimmt werden.

Aus der fünften Gleichung folgt
$$\dfrac{x^{\prime\prime}\sin\lambda}{a^{\prime\prime2}} = \dfrac{y^{\prime\prime}\cos\lambda}{b^{\prime\prime2}} \quad \text{und daher}$$
$$y^{\prime\prime} = \dfrac{b^{\prime\prime2} x^{\prime\prime}\sin\lambda}{a^{\prime\prime2}\cos\lambda} = x^{\prime\prime}(1-ee)\operatorname{tg}\lambda.$$

Setzt man diesen Werth von $y^{\prime\prime}$ in die sechste Gleichung, so findet man
$$x^{\prime\prime2} = \dfrac{a^{\prime\prime2}}{1 + (1-ee)\operatorname{tg}^2\lambda} = \dfrac{a^{\prime\prime2}\cos^2\lambda}{1-ee\sin^2\lambda}$$

und wenn man diesen Werth von $x^{\prime\prime}$ in die vorhergehende Gleichung setzt, auch $y^{\prime\prime}$, so dass man hat

$$x^{\prime\prime} = \dfrac{a^\prime\cos\lambda}{\sqrt{1-ee\sin^2\lambda}}; \quad y^{\prime\prime} = \dfrac{a^\prime(1-ee)\sin\lambda}{\sqrt{1-ee\sin^2\lambda}}.$$

Diese Werthe in die vierte Gleichung gesetzt, giebt
$$\dfrac{ma^\prime\cos^2\lambda}{a^{\prime\prime2}\sqrt{1-ee\sin^2\lambda}} + \dfrac{ma^\prime(1-ee)\sin^2\lambda}{b^{\prime\prime2}\sqrt{1-ee\sin^2\lambda}} = \dfrac{a(1-ee)}{\sqrt{1-ee\sin^2\varphi}} \quad \text{oder}$$

α. $\qquad \dfrac{m}{a^\prime\sqrt{1-ee\sin^2\lambda}} = \dfrac{a(1-ee)}{\sqrt{1-ee\sin^2\varphi}}$

Zieht man nun die erste Gleichung oben von der zweiten ab, so erhält man

β. $\left\{\begin{array}{l} ee\sin^2\varphi - ee\cos^2\varphi\cos^2 a = m\left\{\dfrac{\cos^2\lambda}{a^{\prime\prime2}} - \dfrac{\sin^2\lambda}{a^{\prime\prime2}} + \dfrac{\sin^2\lambda}{b^{\prime\prime2}} - \dfrac{\cos^2\lambda}{b^{\prime\prime2}}\right\} \\ \qquad = m\left\{\dfrac{\cos 2\lambda}{a^{\prime\prime2}} - \dfrac{\cos 2\lambda}{b^{\prime\prime2}}\right\} = \dfrac{m}{a^{\prime\prime2}}\left\{\dfrac{(1-ee)\cos 2\lambda - \cos 2\lambda}{1-ee}\right\} \\ \qquad = -\dfrac{m}{a^{\prime2}(1-ee)}\cdot ee\cos 2\lambda. \end{array}\right.$

Wird in der dritten Gleichung $b^2 = a''(1-ee)$ gesetzt und reducirt, so geht dieselbe über in
$$\frac{m}{a''(1-ee)} \cdot ee \sin\lambda \cos\lambda = -ee \sin\varphi \cos\varphi \cos\alpha,$$
wird auf beiden Seiten mit 2 multiplicirt und $2\sin\lambda\cos\lambda = \sin 2\lambda$, $2\sin\varphi\cos\varphi = \sin 2\varphi$ gesetzt, so ergiebt sich
$$\gamma. \qquad \frac{m}{a''(1-ee)} \cdot ee \sin 2\lambda = -ee \sin 2\varphi \cos\alpha.$$
Dividirt man diese Gleichung durch die Gleichung β., so findet man
$$\operatorname{tg} 2\lambda = \frac{-\sin 2\varphi \cos\alpha}{\sin^2\varphi - \cos^2\varphi \cos^2\alpha} = \frac{\sin 2\varphi \cos\alpha}{\cos^2\varphi \cos^2\alpha - \sin^2\varphi}.$$
Es ist aber bekanntlich $\operatorname{tg} 2\lambda = \frac{2\operatorname{tg}\lambda}{1 - \operatorname{tg}^2\lambda}$; daher
$$\operatorname{tg}\lambda = \frac{-1 + \sqrt{1 + \operatorname{tg}^2 2\lambda}}{\operatorname{tg} 2\lambda}.$$
Setzt man hier für $\operatorname{tg} 2\lambda$ den dafür gefundenen Werth, so wird
$$\operatorname{tg}\lambda = \left\{-1 \pm \frac{\sqrt{(\cos^2\varphi\cos^2\alpha - \sin^2\varphi)^2 + (2\sin\varphi\cos\varphi\cos\alpha)^2}}{\cos^2\varphi\cos^2\alpha - \sin^2\varphi}\right\} \cdot \frac{\cos^2\varphi\cos^2\alpha - \sin^2\varphi}{2\sin\varphi\cos\varphi\cos\alpha}.$$
Erhebt man die erste Parenthese unter dem Wurzelzeichen zum Quadrat, so ist das doppelte Product beider Theile gleich der Grösse in der zweiten Parenthese aber mit entgegengesetztem Zeichen. Die Grösse unter dem Wurzelzeichen ist daher ein vollständiges Quadrat und $= (\cos^2\varphi\cos^2\alpha + \sin^2\varphi)^2$. Wir finden daher
$$\operatorname{tg}\lambda = \frac{-(\cos^2\varphi\cos^2\alpha - \sin^2\varphi) \pm (\cos^2\varphi\cos^2\alpha + \sin^2\varphi)}{2\sin\varphi\cos\varphi\cos\alpha}.$$
Hieraus ergeben sich, wie nothwendig, zwei Werthe für den Winkel λ. Der erste für das $+$ Zeichen gehört nach Fig. 3 dem Winkel PFA an; der zweite für das $-$ Zeichen dem Winkel PFB. Da wir es aber nur mit dem ersten zu thun haben, der wie die Breite vom Aequator rechts herum gezählt wird, so werfen wir das $-$ Zeichen fort und behalten das $+$ Zeichen bei. Wir finden daher
$$\operatorname{tg}\lambda = \frac{\operatorname{tg}\varphi}{\cos\alpha}.$$
Hieraus bilden wir
$$1 + \operatorname{tg}^2\lambda = \frac{1}{\cos^2\lambda} = \frac{\cos^2\alpha + \operatorname{tg}^2\varphi}{\cos^2\alpha}, \quad \text{folglich}$$
$$\cos^2\lambda = \frac{\cos^2\alpha}{\cos^2\alpha + \operatorname{tg}^2\varphi} = \frac{\cos^2\alpha \cos^2\varphi}{\cos^2\alpha\cos^2\varphi + \sin^2\varphi} = \frac{\cos^2\alpha\cos^2\varphi}{1 - \cos^2\varphi\sin^2\alpha}, \quad \text{daher auch}$$
$$\sin\lambda\cos\lambda = \operatorname{tg}\lambda\cos^2\lambda = \frac{\sin\varphi\cos\varphi\cos\alpha}{\cos^2\alpha\cos^2\varphi + \sin^2\varphi}.$$

Aus Gleichung γ. folgt nun

$$\delta. \qquad \frac{mee}{a'^2(1-ee)} = \frac{2ee\sin\varphi\cos\varphi\cos\alpha}{2\sin\lambda\cos\lambda} = ee(\cos^2\alpha\cos^2\varphi + \sin^2\psi).$$

Addirt man die erste und zweite Gleichung, so findet man ihre Summe

$$m\left(\frac{1}{a'^2}+\frac{1}{b'^2}\right) = 2 - ee - ee\cos^2\varphi + ee\cos^2\varphi\cos^2\alpha$$

oder nach gehöriger Reduction

$$\epsilon. \qquad \frac{m(2-ee)}{a'^2(1-ee)} = 2 - ee - ee\cos^2\varphi\sin^2\alpha.$$

Dividirt man diese Gleichung durch die Gleichung $\delta.$, so erhält man

$$\frac{2-ee}{ee} = \frac{2}{ee} - 1 = \frac{2-ee-ee\cos^2\varphi\sin^2\alpha}{ee(\sin^2\varphi+\cos^2\varphi\cos^2\alpha)},$$

dies giebt, wenn $\cos^2\alpha$ im Nenner in den Sinus verwandelt wird,

$$\frac{2}{ee} = 1 + \frac{2-ee-ee\cos^2\varphi\sin^2\alpha}{ee(1-\cos^2\varphi\sin^2\alpha)}$$

$$= \frac{2-2ee\cos^2\varphi\sin^2\alpha}{ee(1-\cos^2\varphi\sin^2\alpha)}, \quad \text{daher}$$

$$5. \begin{cases} \dfrac{1}{ee} = \dfrac{1-ee\cos^2\varphi\sin^2\alpha}{ee(1-\cos^2\varphi\sin^2\alpha)}, \\ ee = \dfrac{ee(1-\cos^2\varphi\sin^2\alpha)}{1-ee\cos^2\varphi\sin^2\alpha}, \\ 1-ee = \dfrac{1-ee}{1-ee\cos^2\varphi\sin^2\alpha}, \\ \dfrac{ee}{1-ee} = \dfrac{ee(1-\cos^2\varphi\sin^2\alpha)}{1-ee}. \end{cases}$$

Wir hatten oben $\cos^2\lambda = \dfrac{\cos^2\varphi\cos^2\alpha}{1-\cos^2\varphi\sin^2\alpha}$ gefunden; daraus folgt

$$\sin^2\lambda = \frac{\sin^2\varphi}{1-\cos^2\varphi\sin^2\alpha}; \qquad ee\sin^2\lambda = \frac{ee\sin^2\varphi}{1-ee\cos^2\varphi\sin^2\alpha}, \quad \text{daher}$$

$$6. \qquad 1 - ee\sin^2\lambda = \frac{1-ee+ee\cos^2\varphi\cos^2\alpha}{1-ee\cos^2\varphi\sin^2\alpha}.$$

Nach Gleichung $\delta.$ ist

$$\frac{m}{a'^2} = ee(\cos^2\varphi\cos^2\alpha+\sin^2\psi)\left(\frac{1-ee}{ee}\right) = ee(1-\cos^2\varphi\sin^2\alpha)\left(\frac{1-ee}{ee}\right),$$

für $\dfrac{1-ee}{ee}$ den obigen Werth gesetzt giebt, daher

$$\eta. \qquad \frac{m}{a'^2} = 1-ee.$$

Setzt man in die Gleichung α. den obigen Werth von $1 - ee\sin^2\lambda$, so wird

$$\vartheta. \quad \frac{m}{a'} = \frac{a(1-ee)}{\sqrt{1-ee\sin^2\varphi}} \cdot \frac{\sqrt{1-ee+ee\cos^2\varphi\cos^2\alpha}}{\sqrt{1-ee\cos^2\varphi\sin^2\alpha}}.$$

Diese Gleichung durch die vorhergehende η. dividirt giebt die grosse Axe der Schnittellipse

$$a' = \frac{a\sqrt{1-ee+ee\cos^2\varphi\cos^2\alpha}}{\sqrt{1-ee\sin^2\varphi} \cdot \sqrt{1-ee\cos^2\varphi\sin^2\alpha}}.$$

Da $b'^2 = a'^2(1-\iota\iota)$, so ist die kleine Axe $b' = a'\sqrt{1-\iota\iota}$ oder

$$b' = \frac{a\sqrt{1-ee+ee\cos^2\varphi\cos^2\alpha}}{\sqrt{1-ee\sin^2\varphi} \cdot \sqrt{1-ee\cos^2\varphi\sin^2\alpha}} \cdot \frac{\sqrt{1-ee}}{\sqrt{1-ee\cos^2\varphi\sin^2\alpha}} = \frac{a'\sqrt{1-ee}}{\sqrt{1-ee\cos^2\varphi\sin^2\alpha}}.$$

Endlich folgt aus Gleichung η. $m = a'^2(1-ee)$, daher

$$m = \frac{a'^2(1-ee)(1-ee+ee\cos^2\varphi\cos^2\alpha)}{(1-ee\sin^2\varphi)(1-ee\cos^2\varphi\sin^2\alpha)}.$$

Wir erhalten demnach die Elemente eines Schnittes, der unter der Polhöhe φ und dem Azimuth α gelegt wird, ausgedrückt durch die Elemente der Meridianellipse, wie folgt:

7. $\quad \operatorname{tg}\lambda = \dfrac{\operatorname{tg}\varphi}{\cos\alpha}$,

8. $\quad a' = \dfrac{a\sqrt{1-ee+ee\cos^2\varphi\cos^2\alpha}}{\sqrt{(1-ee\sin^2\varphi)(1-ee\cos^2\varphi\sin^2\alpha)}}$,

9. $\quad b' = \dfrac{a\sqrt{1-ee} \cdot \sqrt{1-ee+ee\cos^2\varphi\cos^2\alpha}}{(1-ee\cos^2\varphi\sin^2\alpha)\sqrt{1-ee\sin^2\varphi}}$,

10. $\quad \iota\iota = \dfrac{ee(1-\cos^2\varphi\sin^2\alpha)}{1-ee\cos^2\varphi\sin^2\alpha}$,

11. $\quad m = \dfrac{a'^2(1-ee)(1-ee+ee\cos^2\varphi\cos^2\alpha)}{(1-ee\sin^2\varphi)(1-ee\cos^2\varphi\sin^2\alpha)}$.

Dieser Schnitt bleibt stets eine Ellipse, mit Ausnahme wo $\iota\iota = 0$ wird, in welchem Falle er einem Kreise angehört. Es kann aber der obige Werth von $\iota\iota$ nicht anders gleich Null werden, als für die zwei zusammengehörigen Bedingungen $\varphi = 0$ und $\alpha = 90^0$, welche Bedingungen nur im Aequator stattfinden können, woraus denn folgt, dass der Aequator der einzige grösste Kreis auf der Erde ist.

Für $\varphi = 0$ aber nicht $\alpha = 90^0$ wird $\iota\iota = \dfrac{ee\cos^2\alpha}{1-ee\sin^2\alpha}$.

Für $\alpha = 90^0$ aber nicht $\varphi = 0$ wird $\iota\iota = \dfrac{ee\sin^2\varphi}{1-ee\cos^2\varphi}$.

Für $\varphi = 90^0$ also im Pol wird $\iota\iota = ee$, d. h. der Schnitt fällt mit der Meridianellipse zusammen.

§. 4. Krümmungsradien der verticalen Schnitte und Bestimmung einiger damit in Verbindung stehender Linien und Winkel.

Die Krümmung eines elliptischen Bogens wird durch den Bogen des dazu gehörenden anschliessenden Kreises gemessen. Können wir den Krümmungshalbmesser der Ellipse für jeden gegebenen Punkt bestimmen, so werden wir auch die Krümmung, die zu einem gegebenen Krümmungshalbmesser gehört, beurtheilen können, indem sich die Krümmungen der Curven umgekehrt verhalten wie die Krümmungshalbmesser.

Bezeichnet man den Krümmungshalbmesser durch R, so lehrt die Differentialrechnung, dass

$$R = \pm \frac{(\partial x^2 + \partial y^2)^{\frac{3}{2}}}{\partial x \partial^2 y} = \pm \frac{\left\{1+\left(\frac{\partial y}{\partial x}\right)^2\right\}^{\frac{3}{2}}}{\frac{\partial^2 y}{\partial x^2}}$$

ist. Das obere Zeichen gilt für Curven, die convex gegen die Axen sind, das untere für concave. Speciell für die Ellipse, die gegen ihre Axen concav ist, erhalten wir daher

$$R = -\frac{\left\{1+\left(\frac{\partial y}{\partial x}\right)^2\right\}^{\frac{3}{2}}}{\frac{\partial^2 y}{\partial x^2}}.$$

Durch Differentiation der Gleichung der Ellipse $\frac{x^2}{a^2} + \frac{y^2}{b^2} = 1$ erhält man

$$\frac{x \partial x}{a^2} + \frac{y \partial y}{b^2} = 0, \quad \text{daher} \quad \frac{\partial y}{\partial x} = -\frac{b^2}{a^2} \cdot \frac{x}{y} \quad \text{und} \quad \left(\frac{\partial y}{\partial x}\right)^2 = \frac{b^4}{a^4} \cdot \frac{x^2}{y^2}, \quad \text{und}$$

$$1 + \left(\frac{\partial y}{\partial x}\right)^2 = 1 + \frac{b^4}{a^4} \cdot \frac{x^2}{y^2} = \frac{a^4 y^2 + b^4 x^2}{a^4 y^2}.$$

Ferner ist

$$\frac{\partial^2 y}{\partial x^2} = -\frac{b^2}{a^2} \cdot \partial \frac{x}{y} = -\frac{b^2}{a^2} \cdot \frac{y \partial x - x \partial y}{y^2}, \quad \text{also} \quad \frac{\partial^2 y}{\partial x^2} = -\frac{b^2}{a^2 y} + \frac{b^2 x \cdot \frac{\partial y}{\partial x}}{a^2 y^2},$$

und wenn man für $\frac{\partial y}{\partial x}$ den gefundenen Werth setzt, so wird

$$\frac{\partial^2 y}{\partial x^2} = -\frac{b^2}{y}\left(\frac{1}{a^2} + \frac{b^2 x^2}{a^4 y^2}\right).$$

Bildet man jetzt mittelst der gefundenen Werthe den Ausdruck von R, so ergiebt sich

$$R = \frac{-\left\{\frac{a^4y'^2 + b^4x'^2}{a^2y'^2}\right\}^{\frac{3}{2}}}{-\frac{b^4}{y'^3}\left(\frac{1}{a^2} + \frac{b^2}{a^4}\cdot\frac{x'^2}{y'^2}\right)} = \frac{(a^4y'^2 + b^4x'^2)^{\frac{3}{2}}}{a^2b^4y'^3\left(\frac{1}{a^2} + \frac{b^2}{a^4}\cdot\frac{x'^2}{y'^2}\right)}$$

$$= \frac{(a^4y'^2 + b^4x'^2)^{\frac{3}{2}}}{a^4b^4\left(\frac{y'^2}{b^2} + \frac{x'^2}{a^2}\right)} = \frac{(a^4y'^2 + b^4x'^2)^{\frac{3}{2}}}{a^4b^4},$$

weil $\frac{y'^2}{b^2} + \frac{x'^2}{a^2} = 1$ ist. Wird jetzt $b^2 = a^2(1-ee)$ gesetzt, so findet man

$$R = \frac{(y'^2 + (1-ee)^2 x'^2)^{\frac{3}{2}}}{a^2(1-ee)^2}.$$

Führen wir hier die im 2ten §. unter Gleichung 1. gefundenen Werthe von y' und x' ein, so erhalten wir den Krümmungsradius in der Meridianellipse, oder den Meridian-Krümmungsradius, den wir mit ϱ bezeichnen wollen

$$\varrho = \frac{\left\{\frac{a^2(1-ee)^2\sin^2\varphi + a^2(1-ee)^2\cos^2\varphi}{1-ee\sin^2\varphi}\right\}^{\frac{3}{2}}}{a^2(1-ee)^2} = \frac{\left(\frac{a^2(1-ee)^2}{1-ee\sin^2\varphi}\right)^{\frac{3}{2}}}{a^2(1-ee)^2}, \text{ also}$$

12. $\varrho = \dfrac{a(1-ee)}{(1-ee\sin^2\varphi)^{\frac{3}{2}}}$

gültig für einen Punkt, dessen Polhöhe φ ist. Die Normale für dieselbe Polhöhe φ, von dem Berührungspunkt P (Fig. 1) bis zum Durchschnitt mit der Axe der y oder die Linie PN finden wir leicht aus dem in Q rechtwinkligen Dreieck PQN, in welchem $PQ = x'$ und der Winkel bei $N = 90 - \varphi$ sind. Es ist nämlich $PN = \dfrac{PQ}{\cos\varphi} = \dfrac{x'}{\cos\varphi}$ und wenn wir für x' seinen Werth aus Gleichung 1. setzen und die Normale mit n bezeichnen, so erhalten wir

13. $n = \dfrac{a}{\sqrt{1-ee\sin^2\varphi}}.$

Der Ausdruck, den wir für ϱ gefunden haben, gilt für alle Ellipsen, wenn wir ihre a, ee und φ entsprechenden Elemente einführen. Im vorigen §. haben wir die Elemente der Schnittellipse für ein unbestimmtes Azimuth α gefunden, setzen wir dieselben in Gleichung 12., so erhalten wir den allgemeinen Krümmungsradius

$$R = \frac{a'(1-u)}{(1-ee\sin^2\lambda)^{\frac{3}{2}}}.$$

Führen wir hier die im vorigen §. in den Gleichungen 5., 6. und 8. bestimmten Werthe ein, so finden wir

$$R = \frac{a\sqrt{1-ee\sin^2\varphi - ee\cos^2\varphi\sin^2\alpha}}{\sqrt{(1-ee\sin^2\varphi)(1-ee\cos^2\varphi\sin^2\alpha)}} \cdot \frac{1-ee}{1-ee\cos^2\varphi\sin^2\alpha} \cdot \frac{(1-ee\cos^2\varphi\sin^2\alpha)^{\frac{3}{2}}}{(1-ee\sin^2\varphi - ee\cos^2\varphi\sin^2\alpha)^{\frac{3}{2}}}$$

oder

14. $$R = \frac{a(1-ee)}{(1-ee\sin^2\varphi - ee\cos^2\varphi\sin^2\alpha)\sqrt{1-ee\sin^2\varphi}}$$

Dieser Ausdruck giebt den Krümmungsradius für jedes Azimuth α und für jede Polhöhe φ. Wird $\alpha = 0$ oder $= 180°$, so geht er in den Krümmungsradius im Meridian oder in ρ nach Gleichung 12. über. Wird $\alpha = 90°$ oder $= 270°$, so geht er in n (Gleichung 13.) über; woraus folgt, dass der Krümmungsradius eines verticalen Schnittes, welcher den Meridian senkrecht durchschneidet, im Durchschnittspunkt gleich ist der Normale der Meridianellipse, die diesem Durchschnittspunkte angehört.

Aus Gleichung 14. lässt sich das Minimum und Maximum der Krümmungsradien für die verschiedenen Werthe von α bestimmen. Differentiirt man die Gleichung nach R und α und setzt den Differentialquotienten gleich Null, so findet man

$$\frac{\partial R}{\partial \alpha} = 0 = \frac{a(1-ee)ee\cos^2\varphi\sin 2\alpha}{\sqrt{1-ee\sin^2\varphi}(1-ee\sin^2\varphi - ee\cos^2\varphi\sin^2\alpha)^2}, \text{ daraus folgt}$$

$\sin 2\alpha = 0$, also $2\alpha = 0$ oder $= 180°$, das giebt

$\alpha = 0$ oder $= 90°$.

Der erste Werth entspricht dem Minimum, der zweite dem Maximum der Werthe von R. Das Minimum von R findet daher in dem Meridianschnitt, das Maximum in dem auf den Meridian senkrechten Schnitt statt. Der grösste und kleinste Krümmungsradius bestimmen aber die Krümmung jeder krummen Oberfläche. Bei dem Rotationssphäroid wird daher die Krümmung der Oberfläche an jedem Punkt durch den Meridians-Krümmungshalbmesser und die Normale vollständig bestimmt.

Diese beiden Krümmungshalbmesser (Gl. 12. und 13.) haben noch die Eigenschaft, dass man alle übrigen Krümmungshalbmesser, die zu derselben Polhöhe φ gehören, durch dieselben ausdrücken kann. Dividirt man Gleichung 13. durch 14., so erhält man

$$\frac{n}{R} = \frac{1 - ee\sin^2\varphi - ee\cos^2\varphi\sin^2\alpha}{1-ee}$$

und wenn Gleichung 13. durch 12. dividirt, und der Quotient mit $\cos^2\alpha$ multiplicirt wird,

$$\frac{n\cos^2\alpha}{\rho} = \frac{(1-ee\sin^2\varphi)\cos^2\alpha}{1-ee}$$

Zieht man diese Gleichung von der vorigen ab, so findet man

$$n\left(\frac{1}{R} - \frac{\cos^2\alpha}{\rho}\right) = \frac{1 - ee\sin^2\varphi - ee\cos^2\varphi\sin^2\alpha - \cos^2\alpha + ee\sin^2\varphi\cos^2\alpha}{1-ee} = \sin^2\alpha,$$

folglich
$$\frac{1}{R} - \frac{\cos^2\alpha}{\varrho} = \frac{\sin^2\alpha}{n} \quad \text{oder}$$

15. $\quad \frac{1}{R} = \frac{\cos^2\alpha}{\varrho} + \frac{\sin^2\alpha}{n} \quad \text{oder} \quad R = \frac{\varrho n}{\varrho \sin^2\alpha + n \cos^2\alpha}$.

Für $\alpha = 45°$ ist $\sin^2\alpha = \cos^2\alpha = \frac{1}{2}$, daher $R = \frac{2\varrho n}{\varrho + n}$.

Für $\varphi = 90°$ wird nach den Gleichungen 12. und 13. $\varrho = n = \frac{a}{\sqrt{1-ee}}$ und R in Gleichung 15. wird ebenfalls $= \frac{a}{\sqrt{1-ee}} = \frac{a^2}{b}$, d. h. im Pol ist der Krümmungsradius im Meridian $= \frac{a^2}{b}$ und bleibt, wie es sein muss, für alle im Azimuth verschiedenen Richtungen derselbe. Für $\varphi = 0$ liegt der Punkt im Aequator, ϱ wird $= a(1-ee) = \frac{b^2}{a}$ und $n = a = $ dem Aequatorradius. R aber
$$= \frac{ab^2}{b^2\sin^2\alpha + a^2\cos^2\alpha} = \frac{a(1-ee)}{(1-ee)\sin^2\alpha + \cos^2\alpha} = \frac{a(1-ee)}{1-ee\sin^2\alpha}.$$

Der allgemeine Differentialausdruck für die Länge der Normale von einem Punkt P, dessen Polhöhe φ ist, bis zu dem Durchschnitt mit der Axe der x, oder die Linie Pp (Fig. 4) ist
$$N = y'\sqrt{1 + \left(\frac{\partial y}{\partial x'}\right)^2}.$$

Setzen wir für $1 + \left(\frac{\partial y}{\partial x'}\right)^2$ den Werth, welchen wir dafür zu Anfange des §. 4 gefunden haben, so erhalten wir
$$N = \frac{1}{a^2}\sqrt{a^4 y'^2 + b^4 x'^2}$$
und substituiren wir nun für x' und y' die Werthe aus Gleichung 1., so findet sich

16. $\quad Pp = N = \frac{a(1-ee)}{\sqrt{1-ee\sin^2\varphi}}$; daher $Pn = \frac{a(1-ee)\sin\varphi}{\sqrt{1-ee\sin^2\varphi}} = mB$

und für die Schnittellipse
$$Pp' = \frac{a'(1-ee)}{\sqrt{1-ee\sin^2\lambda}}.$$

Gleichung 13. giebt die Länge der Normale bis zum Durchschnitt mit der Axe der y, also die Linie Pq; wir erhalten daher

17. $\quad Pq - Pp = pq = \frac{a}{\sqrt{1-ee\sin^2\varphi}} - \frac{a(1-ee)}{\sqrt{1-ee\sin^2\varphi}} = \frac{aee}{\sqrt{1-ee\sin^2\varphi}}$.

Nun ist in dem rechtwinkligen ebenen Dreieck Bpq (Fig. 4) der $\angle$ bei $p = \varphi$, der bei $q = 90 - \varphi$; wir finden daher die Linien

$$19. \quad \begin{cases} Bp = pq\cos\varphi = \dfrac{aee\cos\varphi}{\sqrt{1-ee\sin^2\varphi}} \quad \text{und} \\ Bq = pq\sin\varphi = \dfrac{aee\sin\varphi}{\sqrt{1-ee\sin^2\varphi}}. \end{cases}$$

Vertauschen wir die Werthe der Meridianellipse mit denen der Schnittellipse, so erhalten wir die analogen Stücke der letzteren, nämlich

$$p'q = \dfrac{a'ee}{\sqrt{1-ee\sin^2\lambda}},$$

$$B'p' = \dfrac{a'ee\cos\lambda}{\sqrt{1-ee\sin^2\lambda}},$$

$$B'q = \dfrac{a'ee\sin\lambda}{\sqrt{1-ee\sin^2\lambda}}.$$

Für einen anderen Punkt M, dessen Polhöhe φ' ist, finden wir Bt und Bs, wenn wir in den vorhergehenden Ausdrücken φ mit φ' vertauschen. Wir erhalten auf diese Weise die Linie

$$19. \quad qs = Bs - Bq = aee\left\{\dfrac{\sin\varphi'}{\sqrt{1-ee\sin^2\varphi'}} - \dfrac{\sin\varphi}{\sqrt{1-ee\sin^2\varphi}}\right\}$$

und für die Schnittellipse

$$qs' = a'ee\left\{\dfrac{\sin\lambda'}{\sqrt{1-ee\sin^2\lambda'}} - \dfrac{\sin\lambda}{\sqrt{1-ee\sin^2\lambda}}\right\}.$$

Der Winkel, den die Normale Ms mit der Axe der y oder mit der Drehungsaxe macht, ist $= 90 - \varphi'$. Denken wir uns nun von dem Punkt q auf die Normale Ms einen Perpendikel qr gefällt, so ist in dem Dreieck qrs der $\angle$ bei $s = 90^\circ - \varphi'$, der $\angle$ bei $q = \varphi'$ und wir erhalten

$$20. \quad rs = qs\sin\varphi'; \quad qr = qs\cos\varphi'.$$

Hieraus folgt nun $Mr = Ms - rs$ und

$$\operatorname{tg} sMq = \dfrac{qr}{Mr}.$$

Setzt man für qr und Mr die zugehörigen Werthe, so folgt

$$21. \quad \operatorname{tg} sMq = \dfrac{\cos\varphi' \cdot qs}{n' - \sin\varphi' \cdot qs} = \dfrac{\cos\varphi' \cdot \dfrac{qs}{n'}}{1 - \sin\varphi' \cdot \dfrac{qs}{n'}} = \cos\varphi' \cdot \dfrac{qs}{n'} + \cos\varphi' \sin\varphi' \left(\dfrac{qs}{n'}\right)^2,$$

wo

$$\dfrac{qs}{n'} = ee\left\{\sin\varphi' - \sin\varphi \dfrac{\sqrt{1-ee\sin^2\varphi'}}{\sqrt{1-ee\sin^2\varphi}}\right\}$$

und n' die Normale von M ist.

Soll der Winkel qPs gefunden werden, so mache man $Pqi = 90°$, dann wird, weil $PqB = 90° - \varphi$ ist, der Winkel $iqs = \varphi$. Es ist aber $PqB = qsi + qPs$, das ist $90 - \varphi = qsi + x$, wenn $qPs = x$ gesetzt wird. Der dritte Winkel in dem Dreieck qsi, also $\angle qis$, ist daher $= 180° - \varphi - qsi = 90 + x$ und man erhält

$$qi = \frac{qs\cos(\varphi + x)}{\cos x}, \text{ also}$$

$$\operatorname{tg} qPs = \frac{qi}{n} = \operatorname{tg} x = \frac{qs\cos(\varphi + x)}{n\cos x}, \text{ d. i. } \sin x = \frac{qs}{n}\cos(\varphi + x).$$

und wenn $\operatorname{tg} x$ eliminirt wird

22. $\quad \operatorname{tg} qPs = \operatorname{tg} x = \dfrac{\frac{qs}{n}\cos\varphi}{1 + \frac{qs}{n}\sin\varphi} = \cos\varphi \cdot \dfrac{qs}{n} - \cos\varphi \sin\varphi \left(\dfrac{qs}{n}\right)^2,$

wo

$$\frac{qs}{n} = ee\left\{\sin\varphi \cdot \sqrt{\frac{1 - ee\sin^2\varphi}{1 - ee\sin^2\varphi'}} - \sin\varphi\right\}$$

und n die Normale von P ist.

Wir finden also im ersten Fall

23. $\quad \begin{cases} \angle MqY = 90 - \varphi'; sMq; \text{ im zweiten} \\ \angle PsY = 90 - \varphi - qPs. \end{cases}$

Es ist nicht nothwendig, dass der Punkt M in demselben Meridian wie P liegt, er kann auch in einem anderen Meridian, der mit dem Meridian von P einen Winkel w macht, liegen; wie in Fig. 5. Dann stellt PMq die Fläche des von P durch M gelegten verticalen Schnittes dar, der in q eine körperliche Ecke oder eine dreiseitige Pyramidenspitze bildet, an welcher zwei, dem Kantenwinkel w anliegende Flächenwinkel gegeben sind; nämlich $\angle PqP' = 90° - \varphi$ und $\angle MqP' = 90° - \varphi' + \angle sMq$. Die Bestimmung der Pyramidenspitze hängt daher von der Auflösung eines sphärischen Dreiecks aus den beiden angeführten Seiten und dem eingeschlossenen Winkel w ab. Die beiden anderen Kantenwinkel sind die Winkel, welche die Schnittfläche mit den Meridianebenen von P und M machen, und die dritte Seite dieses Dreiecks ist der Winkel PqM.

Dieselben Linien, die wir hier für die Meridianellipse bestimmt haben, lassen sich ebenso für die unter dem Azimuth α gelegte Schnittellipse bestimmen, wenn man anstatt a, e und φ die analogen Stücke der Schnittellipse a', ι und λ setzt.

§. 5. Umformung der Formeln der Krümmungsradien für logarithmische Rechnung und Entwickelung derselben in Reihen.

Die Ausdrücke, welche durch Umformung für die logarithmische Rechnung bequemer gemacht werden können, sind:

$$1 - ee\sin^2\varphi,$$
$$1 - ee\cos^2\varphi\sin^2\alpha,$$
$$1 - ee\sin^2\varphi - ee\cos^2\varphi\sin^2\alpha,$$
$$1 - \cos^2\varphi\sin^2\alpha,$$
$$1 - ee.$$

Setzt man

$$e\sin\varphi = \cos\eta,$$
$$e\cos\varphi\sin\alpha = \sin\vartheta,$$
$$\cos\varphi\sin\alpha = \cos\mu,$$
$$e = \cos\zeta,$$

so ist

$$1 - ee\sin^2\varphi = \sin^2\eta,$$
$$1 - ee\cos^2\varphi\sin^2\alpha = \cos^2\vartheta,$$
$$1 - ee\sin^2\varphi - ee\cos^2\varphi\sin^2\alpha = \sin^2\eta - \sin^2\vartheta = (\sin\eta + \sin\vartheta)(\sin\eta - \sin\vartheta)$$
$$= 4\sin\tfrac{1}{2}(\eta+\vartheta)\cos\tfrac{1}{2}(\eta-\vartheta)\cos\tfrac{1}{2}(\eta+\vartheta)\sin\tfrac{1}{2}(\eta-\vartheta)$$
$$= \sin(\eta+\vartheta)\sin(\eta-\vartheta).$$

Endlich

$$1 - ee = \sin^2\zeta \quad \text{und} \quad 1 - \cos^2\varphi\sin^2\alpha = \sin^2\mu.$$

Werden diese Umformungen in die Formeln eingeführt, so werden sie für die logarithmische Rechnung bequem.

Wir wollen nun zu der Entwickelung in Reihen übergehen und zeigen, wie die Ausdrücke nach den vielfachen Sinus und Cosinus entwickelt werden können. Zu dem Ende wollen wir zunächst den am häufigsten vorkommenden Ausdruck $\frac{1}{\sqrt{1-ee\sin^2\varphi}}$ in seiner allgemeinen Form behandeln, d. h. $(1-ee\sin^2\varphi)^{-m}$ in eine Reihe umwandeln.

Es ist $\cos\varphi = \frac{e^{i\varphi} + e^{-i\varphi}}{2}$, wo e die Basis der natürlichen Logarithmen und i das Zeichen der imaginären Grössen ist. Nun ist

$$\sin^2\varphi = 1 - \cos^2\varphi = 1 - \tfrac{1}{4}\{e^{2i\varphi} + 2 + e^{-2i\varphi}\} = \tfrac{1}{2} - \tfrac{1}{4}\{e^{2i\varphi} + e^{-2i\varphi}\}, \quad \text{daher}$$
$$1 - ee\sin^2\varphi = 1 - \tfrac{1}{2}ee + \tfrac{1}{4}ee\{e^{2i\varphi} + e^{-2i\varphi}\}.$$

Dieser Ausdruck lässt sich in zwei Factoren $(\beta+\gamma c^{2i\varphi})(\beta+\gamma c^{-2i\varphi})$ darstellen, in denen sich β und γ bestimmen lassen. Lösen wir denselben auf, so finden wir
$$1-\tfrac{1}{2}ee+\tfrac{1}{4}ee\{c^{2i\varphi}+c^{-2i\varphi}\} = \beta^2+\gamma^2+\beta\gamma\{c^{2i\varphi}+c^{-2i\varphi}\}.$$
Vergleicht man auf beiden Seiten einmal die reellen und dann die imaginären Theile mit einander, so ergiebt sich
$$\beta^2+\gamma^2 = 1-\tfrac{1}{2}ee \text{ und}$$
$$\beta\gamma = \tfrac{1}{4}ee, \text{ daher } 2\beta\gamma = \tfrac{1}{2}ee,$$
fügt man diesen Werth zu $\beta^2+\gamma^2$ einmal hinzu und zieht ihn dann davon ab, so erhält man
$$(\beta+\gamma)^2 = 1; \quad (\beta-\gamma)^2 = 1-ee$$
und daher
$$\beta = \tfrac{1}{2}(1+\sqrt{1-ee}) = \frac{a+a\sqrt{1-ee}}{2a} = \frac{a+b}{2a},$$
$$\gamma = \tfrac{1}{2}(1-\sqrt{1-ee}).$$
Für diese Werthe von β und γ haben wir also
$$1-ee\sin^2\varphi = (\beta+\gamma c^{2i\varphi})(\beta+\gamma c^{-2i\varphi}) = \beta^2\Big(1+\frac{\gamma}{\beta}\cdot c^{2i\varphi}\Big)\Big(1+\frac{\gamma}{\beta}\cdot c^{-2i\varphi}\Big)$$
und wenn wir $\dfrac{\gamma}{\beta} = \dfrac{1-\sqrt{1-ee}}{1+\sqrt{1-ee}} = p$ setzen
$$1-ee\sin^2\varphi = \beta^2(1+pc^{2i\varphi})(1+pc^{-2i\varphi}), \text{ daher}$$
24. $\quad (1-ee\sin^2\varphi)^{-m} = \beta^{-2m}\{1+pc^{2i\varphi}\}^{-m}\cdot\{1+pc^{-2i\varphi}\}^{-m}.$

Die Entwickelung der Klammern nach dem binomischen Satz giebt
$$\{1+pc^{2i\varphi}\}^{-m} = 1-mpc^{2i\varphi}+\frac{m.m+1}{1.2}p^2c^{4i\varphi}-\frac{m.m+1.m+2}{1.2.3}p^3c^{6i\varphi}+\cdots$$
$$\{1+pc^{-2i\varphi}\}^{-m} = 1-mpc^{-2i\varphi}+\frac{m.m+1}{1.2}p^2c^{-4i\varphi}-\frac{m.m+1.m+2}{1.2.3}p^3c^{-6i\varphi}+\cdots$$

Werden beide Reihen mit einander multiplicirt und das Product nach den Potenzen von c geordnet, so findet man

$$1+m^2p^2+\Big(\frac{m.m+1}{1.2}\Big)^2 p^4+\Big(\frac{m.m+1.m+2}{1.2.3}\Big)^2 p^6+\cdots \qquad = A,$$
$$-c^{2i\varphi}\Big\{mp+m.\frac{m.m+1}{1.2}p^3+\frac{m.m+1}{1.2}\cdot\frac{m.m+1.m+2}{1.2.3}p^5+\cdots\Big\} \qquad = B,$$
$$+c^{4i\varphi}\Big\{\frac{m.m+1}{1.2}p^2+m.\frac{m.m+1.m+2}{1.2.3}p^4+\frac{m.m+1}{1.2}\cdot\frac{m.m+1.m+2.m+3}{1.2.3.4}p^6+\cdots = C,$$
$$-c^{6i\varphi}\Big\{\frac{m.m+1.m+2}{1.2.3}p^3+m.\frac{m.m+1.m+2.m+3}{1.2.3.4}p^5+\cdots\Big\} \qquad = D,$$
$$+\text{ etc. etc.}$$

$$-e^{-2i\varphi}\left\{mp + m\cdot\frac{m.m+1}{1.\ 2}p^3 + \frac{m.m+1}{1.\ 2}\cdot\frac{m.m+1.m+2}{1.\ 2\ .\ 3}p^5 + \cdots\right.$$

$$+e^{-4i\varphi}\left\{\frac{m.m+1}{1.\ 2}p^2 + m\cdot\frac{m.m+1.m+2}{1.\ 2\ .\ 3}p^4 + \frac{m.m+1}{1.\ 2}\cdot\frac{m.m+1.m+2.m+3}{1.\ 2\ .\ 3\ .\ 4}p^6 + \cdots\right.$$

$$-e^{-6i\varphi}\left\{\frac{m.m+1.m+2}{1.\ 2\ .\ 3}p^3 + m\cdot\frac{m.m+1.m+2.m+3}{1.\ 2\ .\ 3\ .\ 4}p^5 + \cdots\right.$$

+ etc. etc.

Betrachtet man die Coefficienten der gleichen positiven und negativen Potenzen von e, so findet man, dass sie einander gleich sind. Man erhält daher

$$(1-ee\sin^2\varphi)^{-m} = \beta^{-2m}\{A - (e^{2i\varphi} + e^{-2i\varphi})B + (e^{4i\varphi} + e^{-4i\varphi})C - (e^{6i\varphi} + e^{-6i\varphi})D + \cdots\}.$$

Nun ist $e^{ni\varphi} + e^{-ni\varphi} = 2\cos n\varphi$ und

$$\beta^{-2m} = \frac{1}{\beta^{2m}} = \left(\frac{2}{1+\sqrt{1-ee}}\right)^{2m} = \left(\frac{2a}{a+a\sqrt{1-ee}}\right)^{2m} = \left(\frac{2a}{a+b}\right)^{2m} = \left(\frac{2}{1+\frac{b}{a}}\right)^{2m},$$

ferner war

$$p = \frac{1-\sqrt{1-ee}}{1+\sqrt{1-ee}} = \frac{a-a\sqrt{1-ee}}{a+a\sqrt{1-ee}} = \frac{a-b}{a+b} = \frac{1-\frac{b}{a}}{1+\frac{b}{a}} = \frac{\alpha}{2-\alpha},$$

weil die Abplattung $\alpha = 1 - \frac{b}{a}$ ist. Wir erhalten also

25. $(1-ee\sin^2\varphi)^{-m} = \left(\frac{2}{1+\sqrt{1-ee}}\right)^{2m}\{A - 2B\cos 2\varphi + 2C\cos 4\varphi - 2D\cos 6\varphi + \cdots\}.$

Da die Normale $n = \frac{a}{\sqrt{1-ee\sin^2\varphi}} = a(1-ee\sin^2\varphi)^{-\frac{1}{2}}$, so dürfen wir zur Bestimmung der Coefficienten oben nur $m = \frac{1}{2}$ setzen und erhalten dann

$$A' = 1 + \left(\frac{1}{2}\right)^2 p^2 + \left(\frac{1.3}{2.4}\right)^2 p^4 + \left(\frac{1.3.5}{2.4.6}\right)^2 p^6 + \cdots = 1{,}000000700728,$$

$$B' = \frac{1}{2}p + \frac{1}{2}\cdot\frac{1.3}{2.4}p^3 + \frac{1.3}{2.4}\cdot\frac{1.3.5}{2.4.6}p^5 + \cdots = 0{,}00083709238,$$

$$C' = \frac{1.3}{2.4}p^2 + \frac{1}{2}\cdot\frac{1.3.5}{2.4.6}p^4 + \frac{1.3}{2.4}\cdot\frac{1.3.5.7}{2.4.6.8}p^6 + \cdots = 0{,}000001051087,$$

$$D' = \frac{1.3.5}{2.4.6}p^3 + \frac{1}{2}\cdot\frac{1.3.5.7}{2.4.6.8}p^5 + \cdots = 0{,}000000001466.$$

Wir finden also

26. $n = \frac{2a}{1+\sqrt{1-ee}}\{A' - 2B'\cos 2\varphi + 2C'\cos 4\varphi - 2D'\cos 6\varphi + \cdots\},$

wo auch $\frac{2a}{1+\sqrt{1-ee}} = \frac{2a'}{a+a\sqrt{1-ee}} = \frac{2a'}{a+b}$ ist.

Der Meridian-Krümmungsradius war
$$\varrho = \frac{a(1-ee)}{(1-ee\sin^2\varphi)^{\frac{3}{2}}} = a(1-ee)(1-ee\sin^2\varphi)^{-\frac{3}{2}}.$$

Setzen wir daher $m = \frac{3}{2}$, so ergeben sich die Coefficienten

$$A'' = 1 + \left(\frac{3}{2}\right)^2 p^2 + \left(\frac{3.5}{2.4}\right)^2 p^4 + \left(\frac{3.5.7}{2.4.6}\right)^2 p^6 + \cdots \quad 1{,}0000063065403,$$

$$B'' = \frac{3}{2}p + \frac{3}{2}\cdot\frac{3.5}{2.4}p^3 + \frac{3.5}{2.4}\cdot\frac{3.5.7}{2.4.6}p^5 + \cdots \quad 0{,}00251129035,$$

$$C'' = \frac{3.5}{2.4}p^2 + \frac{3}{2}\cdot\frac{3.5.7}{2.4.6}p^4 + \frac{3.5}{2.4}\cdot\frac{3.5.7.9}{2.4.6.8}p^6 + \cdots \quad 0{,}000005255453,$$

$$D'' = \frac{3.5.7}{2.4.6}p^3 + \frac{3}{2}\cdot\frac{3.5.7.9}{2.4.6.8}p^5 + \cdots \quad 0{,}000000010265.$$

Wir erhalten also

27. $\quad \varrho = \dfrac{8a(1-ee)}{(1+\sqrt{1-ee})^3}\{A'' - 2B''\cos 2\varphi + 2C''\cos 4\varphi - 2D''\cos 6\varphi + \cdots\},$

wo
$$\frac{8a(1-ee)}{(1+\sqrt{1-ee})^3} = \frac{8a^2(1-ee)}{(a+\alpha)^2\sqrt{1-ee}} = \frac{8a^2b^2}{(a+b)^3}.$$

Auch die Logarithmen von n und ϱ lassen sich durch Reihen direct und leicht finden. Die Gleichung 24. giebt

$$\log(1-ee\sin^2\varphi)^m = 2m\log\beta + m\{\log(1+pe^{2i\varphi}) + \log(1+pe^{-2i\varphi})\}.$$

Nun ist $\log(1+x) = M\left\{x - \dfrac{x^2}{2} + \dfrac{x^3}{3} - \dfrac{x^4}{4} + \cdots\right\}$, wo M der Modul und $= 0{,}4342944819$ ist. Wir erhalten daher

$$\log(1-ee\sin^2\varphi)^m = 2m\log\beta + mM\begin{Bmatrix} pe^{2i\varphi} - \frac{1}{2}p^2e^{4i\varphi} + \frac{1}{3}p^3e^{6i\varphi} - \cdots \\ pe^{-2i\varphi} - \frac{1}{2}p^2e^{-4i\varphi} + \frac{1}{3}p^3e^{-6i\varphi} - \cdots \end{Bmatrix},$$ das ist

$$= 2m\log\beta + 2mM\{p\cos 2\varphi - \tfrac{1}{2}p^2\cos 4\varphi + \tfrac{1}{3}p^3\cos 6\varphi - \cdots\}.$$

Da $\log n = \log a + \log(1-ee\sin^2\varphi)^{-\frac{1}{2}}$, so haben wir $m = -\frac{1}{2}$ zu setzen und erhalten damit

28. $\quad \log n = \log a - \log\beta - M\{p\cos 2\varphi - \tfrac{1}{2}p^2\cos 4\varphi + \tfrac{1}{3}p^3\cos 6\varphi - \cdots\}.$

Da ferner $\log\varrho = \log a(1-ee) + \log(1-ee\sin^2\varphi)^{-\frac{3}{2}}$, so ist $m = -\frac{3}{2}$ und das giebt

29. $\quad \log\varrho = \log a(1-ee) - 3\log\beta - 3M\{p\cos 2\varphi - \tfrac{1}{2}p^2\cos 4\varphi + \tfrac{1}{3}p^3\cos 6\varphi - \cdots\}.$

§ 6. Rectification der elliptischen Bögen.

Es sei (Fig. 6) AQ der Aequator, NS die Drehungsaxe, AC ein Meridianbogen und φ die Polhöhe des Punktes D. Bezeichnet nun DBC einen unendlich kleinen Winkel $\partial\varphi$, so ist $DC = \partial s$ der zugehörige Bogen und BD der Krümmungshalbmesser ϱ. Wir haben daher

$$\partial s = \varrho \partial \varphi \quad \text{und daher}$$
$$AC = s = \int \varrho \partial \varphi$$

genommen vom Aequator bis zur Polhöhe φ.

Dies Integral giebt also den Meridianbogen von der Polhöhe $\varphi = 0$ bis zu der Polhöhe φ, d. h. den Bogen vom Aequator bis zu dem Punkte C. Setzen wir für ϱ den Werth aus Gleichung 27., so folgt

$$s = \frac{8a(1-ee)}{(1+\sqrt{1-ee})^2} \left\{ \int A'' \partial \varphi - \int 2B'' \cos 2\varphi \, \partial\varphi + \int 2C'' \cos 4\varphi \, \partial\varphi - \int 2D'' \cos 6\varphi \, \partial\varphi + \cdots \right\}.$$

Nun ist $\int \cos 2n\varphi \, \partial\varphi = \frac{1}{2n} \sin 2n\varphi$, daher

30. $s = \frac{8a(1-ee)}{(1+\sqrt{1-ee})^2} \{A''\varphi - B'' \sin 2\varphi + \tfrac{1}{2} C'' \sin 4\varphi - \tfrac{1}{3} D'' \sin 6\varphi + \cdots\}$.

Für $\varphi = 0$ wird auch $s = 0$, eine Constante ist daher nicht vorhanden und s giebt die Länge des Meridianbogens in dem Maass des Aequatorradius a. Nennen wir s' den Meridianbogen für die Polhöhe φ', so folgt

31. $s' = \frac{8a(1-ee)}{(1+\sqrt{1-ee})^2} \{A''\varphi' - B'' \sin 2\varphi' + \tfrac{1}{2} C'' \sin 4\varphi' - \tfrac{1}{3} D'' \sin 6\varphi' + \cdots\}$

und daher die Länge des Bogens zwischen den Polhöhen φ und φ', oder

32. $s - s' = \frac{8a(1-ee)}{(1+\sqrt{1-ee})^2} \{A''(\varphi - \varphi') - B''(\sin 2\varphi - \sin 2\varphi') + \tfrac{1}{2} C''(\sin 4\varphi - \sin 4\varphi') - \cdots\}$.

Die Differenzen der Sinus lassen sich leicht nach der Formel

$$\sin \alpha - \sin \beta = 2 \cos \tfrac{1}{2}(\alpha+\beta) \sin \tfrac{1}{2}(\alpha-\beta)$$

in Producte verwandeln. Hiernach ist also

$$\sin 2\varphi - \sin 2\varphi' = \cos(\varphi+\varphi') \sin(\varphi-\varphi') \text{ u. s. w., daher}$$

33. $s - s' = \frac{8a(1-ee)}{(1+\sqrt{1-ee})^2} \{A''(\varphi-\varphi') - 2B'' \cos(\varphi+\varphi') \sin(\varphi-\varphi')$
$\qquad\qquad + C'' \cos 2(\varphi+\varphi') \sin 2(\varphi-\varphi') - \cdots\}$.

Die Länge des Bogens in einer Schnittellipse unter dem Azimuth α und zwischen den Winkeln λ und λ' finden wir ganz analog, nämlich

34. $s - s' = \frac{8a'(1-ee)}{(1+\sqrt{1-ee})^2} \{A'''(\lambda-\lambda') - B'''(\sin 2\lambda - \sin 2\lambda') + \cdots\}$,

wo A''', B''' u. s. w. aus den Elementen der Schnittellipse eben so zu bestimmen sind, wie A'', B'', u. s. w. aus den Elementen der Meridianellipse bestimmt werden.

Soll die Länge *Eines Grades* unter einer gegebenen Polhöhe f bestimmt werden, so gehe man von dem Punkt, dessen Polhöhe f ist, einen halben Grad südlich und dann einen halben Grad nördlich, so wird die Polhöhe φ' des südlichen Endpunktes $= f - \frac{1}{2}''$, die Polhöhe φ des nördlichen Endpunktes $= f + \frac{1}{2}''$; folglich die Differenz $\varphi - \varphi' = f + \frac{1}{2}'' - f + \frac{1}{2}'' = 1''$ sein. Die Summe beider Bögen $\varphi + \varphi'$ ist $= 2f$. Setzen wir die Summe und Differenz dieser Bögen in die Gleichung 33. und nennen wir das zugehörige $s - s'$ oder die Länge des Meridianbogens von $1''$, G, so erhalten wir

35. $\quad G = \dfrac{8a(1-ee)}{(1+\sqrt{1-ee})^2} \{ A''.1'' - 2B''\cos 2f\sin 1'' + C''\cos 4f\sin 2'' - \frac{2}{3}D''\cos 6f\sin 3'' + \cdots \}.$

Die Länge von $1''$ ist $= \dfrac{\pi}{180}$, daher wird man für $A''.1''$ schreiben $\dfrac{A''\pi}{180}$. Vernachlässigt man die übrigen Glieder und behält bloss das erste Glied bei, so dass man hat

36. $\quad G = \dfrac{8a(1-ee)}{(1+\sqrt{1-ee})^2} \cdot \dfrac{A''\pi}{180},$

so wird dieser Werth die Länge des mittleren Grades genannt.

§. 7. Gleichung des verticalen Schnittes, der in einem gegebenen Punkt A, durch einen anderen gegebenen Punkt B gelegt wird.

Die allgemeine Gleichung einer Ebene ist

$\alpha x + \beta y + \gamma z = \delta,$ die auch

$\dfrac{\alpha}{\delta}x + \dfrac{\beta}{\delta}y + \dfrac{\gamma}{\delta}z = 1 \quad$ geschrieben werden kann.

Diese letztere Form zeigt, dass zur Bestimmung der Constanten 3 Gleichungen gehören. Diese Gleichungen erhält man, wenn von 3 Punkten, die in der Ebene liegen, die Coordinaten bekannt sind.

In (Fig. 9) sei die Ebene des Papiers die des Meridians für den Ort A auf dem Sphäroid; $A'Q$ sei die Projection der Aequatorsebene und PC die Projection einer dritten durch die Axe gehenden Ebene, die auf den beiden ersten senkrecht steht. Die verlangte Verticalebene gehe durch die Punkte A, B und a, so wird ihre Gleichung bestimmt werden können, sobald man die Coordinaten dieser 3 Punkte in Bezug auf das angeführte Axensystem kennt.

Bezeichnen wir die Polhöhe von A durch φ'; die von B durch φ; den Winkel, welchen die Verticalebene mit dem Meridian von A macht, durch $\nu = BMb$; die Coordinaten des Punktes B in Bezug auf die Lothlinie von A, d. i. BM durch η

und AM durch ξ, so sind nach §. 2 Gleichung 1. die 3 Coordinaten des Punktes A

$$x = \frac{a\cos\varphi'}{\sqrt{1-ee\sin^2\varphi'}} = AR,$$
$$y = \frac{a(1-ee)\sin\varphi'}{\sqrt{1-ee\sin^2\varphi'}} = AS,$$
$$z = 0.$$

weil der Punkt A selbst im Meridian liegt. Die Coordinaten des Punktes B sind nach §. 2 Gleichung 2.

$$x = \frac{a\cos\varphi'}{\sqrt{1-ee\sin^2\varphi'}} - \xi\cos\varphi - \eta\cos\nu\cos\varphi = bp,$$
$$y = \frac{a(1-ee)\sin\varphi'}{\sqrt{1-ee\sin^2\varphi'}} - \xi\cos\varphi + \eta\cos\nu\sin\varphi = BD = bd,$$
$$z = \eta\sin\nu.$$

Diese Ausdrücke gelten für alle Punkte B, die in der Verticalebene liegen; ξ und η sind daher veränderlich und müssen in der gesuchten Gleichung der Ebene verschwinden.

Als dritter gegebener Punkt in der Ebene wollen wir den Punkt a nehmen, wo die Normale Aa und die Verticalebene die Rotationsaxe PC schneiden; seine Coordinaten sind

$$x = 0,$$
$$y = -\frac{aee\sin\varphi'}{\sqrt{1-ee\sin^2\varphi'}}, \quad §. 4. \text{ Gl. 16.}$$
$$z = 0.$$

Setzen wir nach einander die drei Systeme der gefundenen Coordinaten in die Gleichung der Ebene $\alpha x + \beta y + \gamma z = \delta$, so finden wir drei Gleichungen, aus denen sich die Constanten bestimmen lassen. Diese Substitutionen, bei denen wir, um abzukürzen, $\sqrt{1-ee\sin^2\varphi'} = f$ setzen, geben

I. $\qquad \alpha \cdot \dfrac{a\cos\varphi'}{f} + \beta \cdot \dfrac{a(1-ee)\sin\varphi'}{f} = \delta.$

II. $\alpha\left\{\dfrac{a\cos\varphi'}{f} - \xi\cos\varphi - \eta\cos\nu\sin\varphi\right\} + \beta\left\{\dfrac{a(1-ee)\sin\varphi'}{f} - \xi\sin\varphi + \eta\cos\nu\cos\varphi\right\} + \gamma.\eta.\sin\nu = \delta,$

III. $\qquad -\beta \cdot \dfrac{aee\sin\varphi'}{f} = \delta.$

Aus III. erhält man direct

$$\frac{\beta}{\delta} = -\frac{f}{aee\sin\varphi'}.$$

Diesen Werth in I. gesetzt giebt

$$\frac{\alpha}{\delta} \cdot \frac{a\cos\varphi'}{\varDelta} - \frac{\beta}{a\,ee\sin\varphi'} \cdot \frac{a(1-ee)\sin\varphi'}{\varDelta} = 1 \quad \text{oder}$$

$$\frac{\alpha}{\delta} \cdot \frac{a\cos\varphi'}{\varDelta} - \left(\frac{1-ee}{ee}\right) = 1, \quad \text{daher}$$

$$\frac{\alpha}{\delta} = \frac{\varDelta}{a\,ee\cos\varphi'}.$$

Beide Werthe $\frac{\alpha}{\delta}$ und $\frac{\beta}{\delta}$ in II. eingeführt, giebt

$$\frac{\varDelta}{a\,ee\cos\varphi'}\left\{\frac{a\cos\varphi'}{\varDelta} - \xi\cos\varphi' - \eta\cos\upsilon\sin\varphi'\right\}$$
$$- \frac{\varDelta}{a\,ee\sin\varphi'}\left\{\frac{a(1-ee)\sin\varphi'}{\varDelta} - \xi\sin\varphi' + \eta\cos\upsilon\cos\varphi'\right\} + \frac{\gamma}{\delta}\eta\sin\upsilon = 1,$$

oder

$$\frac{\gamma}{\delta} \cdot \eta\sin\upsilon = \frac{\varDelta\,\eta\cos\upsilon}{a\,ee}\left\{\frac{\sin\varphi'^2 + \cos\varphi'^2}{\sin\varphi'\cos\varphi'}\right\}.$$

folglich

$$\frac{\gamma}{\delta} = \frac{\varDelta}{a\,ee\sin\varphi'\cos\varphi'} \cdot \cot\upsilon.$$

Führen wir die gefundenen Constanten in die allgemeine Gleichung ein, so erhalten wir die Gleichung der gesuchten Verticalebene

$$\frac{\varDelta}{a\,ee\cos\varphi'} \cdot x - \frac{\varDelta}{a\,ee\sin\varphi'} \cdot y + \frac{\varDelta\cot\upsilon}{a\,ee\sin\varphi'\cos\varphi'} \cdot z = 1$$

oder, wenn man die Gleichung mit $\frac{a\,ee\sin\varphi'\cos\varphi'}{\varDelta}$ multiplicirt

$$\sin\varphi' \cdot x - \cos\varphi' \cdot y + \cot\upsilon \cdot z = \frac{a\,ee\sin\varphi'\cos\varphi'}{\varDelta}.$$

Wenn wir jetzt die Coordinaten x, y, z irgend eines Punktes auf der Erdoberfläche, ausgedrückt durch seine Polhöhe, in diese Gleichung setzen, so finden wir daraus den Winkel υ, den die durch diesen Punkt gelegte verticale Schnittebene mit dem Meridian von A macht.

Es sei (Fig. 9) pBP die Ebene des durch B gehenden Meridians, die mit der Meridianebene von A den Winkel ω macht. Bp ist der Abstand des Punktes B von der Drehungsaxe $= \frac{a\cos\varphi}{\sqrt{1-ee\sin^2\varphi}}$; Bb der Perpendikel auf die Meridianebene von A, so ist $Bpb = \omega$. BD der Abstand von der Aequatorsebene $= \frac{a(1-ee)\sin\varphi}{\sqrt{1-ee\sin^2\varphi}}$. Wir erhalten also die Coordinaten des Punktes B

$$x = bp = Bp\cos w = \frac{a\cos\varphi \cos w}{\varDelta},$$

$$y = BD = bd = \frac{a(1-ee)\sin\varphi}{\varDelta},$$

$$z = Bb = Bp\sin w = \frac{a\cos\varphi \sin w}{\varDelta}.$$

Diese Werthe von x, y, z in die obige Gleichung gesetzt geben

$$\sin\varphi' \frac{a\cos\varphi \cos w}{\varDelta} - \cos\varphi' \frac{a(1-ee)\sin\varphi}{\varDelta} + \cotg v \frac{a\cos\varphi \sin w}{\varDelta} = \frac{ae\sin\varphi'\cos\varphi'}{\varDelta}$$

oder

$$\sin\varphi'\cos\varphi\cos w - (1-ee)\cos\varphi'\sin\varphi + \cotg v \cos\varphi \sin w = \frac{\varDelta}{\varDelta^2} \cdot ee\sin\varphi'\cos\varphi'$$

oder auch, weil $\frac{a\cos\varphi'}{\varDelta} = r'$; $\frac{a\cos\varphi}{\varDelta} = r$

37. $\quad \sin\varphi'\cos w - (1-ee)\cos\varphi'\tg\varphi + \cotg v \sin w = \frac{r'}{r} \cdot ee\sin\varphi'.$

Zweiter Abschnitt.

Die Auflösung der sphäroidischen Dreiecke zunächst nach Bessel, dann direct.

§. 8. Die Eigenschaften der kürzesten Linie auf einer durch Rotation entstandenen Oberfläche.

Da man zwischen zwei Punkten eine beliebige Anzahl von Linien ziehen kann, so würde der Begriff der Entfernung völlig unbestimmt sein, wenn man ihn nicht an die unzweifelhafte Bedingung geknüpft hätte, dass man darunter von allen möglichen Linien jedes Mal die kürzeste zu verstehen habe, welche man entweder in der Ebene, im Raume, oder auf einer gegebenen Oberfläche, zwischen zwei Punkten ziehen kann. In der Ebene und im Raume ist die kürzeste Linie eine gerade Linie; auf der Kugeloberfläche ein grösster Kreisbogen: auf dem Sphäroid wird sie die geodätische Linie genannt, deren Eigenschaften uns bekannt sein müssen, wenn wir die Entfernungen auf der Erdoberfläche richtig angeben wollen.

Es sei (Fig. 7) AB eine beliebige Curve auf einer durch Rotation entstandenen Oberfläche, P der Pol, AP, BP die Meridiane für die Orte A und B, und der Winkel, welchen diese Meridiane am Pol einschliessen, heisse w. Zieht man jetzt zwei unendlich nahe Meridiane PC und PD, und bezeichnet den von ihnen eingeschlossenen Winkel mit ∂w, macht man ferner $PE = PD$ und zieht DE, so stellt DE einen Parallelkreis, EC einen Meridianbogen dar. Den Radius von DE wollen wir mit r, den Radius von EC mit R und den Winkel ECD durch α bezeichnen, so ist $EC = R\,\partial\varphi$, $CD = \partial s$, $ED = r\,\partial w$ und da das Dreieck in E rechtwinklig ist

$$\partial s = \sqrt{R^2 \partial\varphi^2 + r^2 \partial w^2} = \partial w \sqrt{R^2 \left(\frac{\partial\varphi}{\partial w}\right)^2 + r^2} \quad \text{und daher}$$

$$s = \int \partial w \sqrt{R^2 \left(\frac{\partial\varphi}{\partial w}\right)^2 + r^2}.$$

Setzt man $\frac{\partial \varphi}{\partial w} = p$, so wird die Wurzelgrösse $= \sqrt{R^2 p^2 + r^2}$, und bezeichnen wir dieselbe durch U, so erhalten wir

$$s = \int U \partial w,$$

das Integral von A bis B genommen. Soll die Curve die kürzeste Linie geben, so muss ihr Gesetz oder die Relation zwischen φ und w so beschaffen sein, dass das Integral ein Minimum wird. Lassen wir bei unverändertem w den Bogen φ in $\varphi + z$ übergehen, wo z eine willkürliche Function von w ist, welche an den Punkten A und B verschwindet, weil diese Punkte beiden Curven gemeinschaftlich sind, so erhalten wir die neue Function

$$s' = \int U'' \partial w,$$

wo U' dieselbe Function von $\varphi + z$ ist, die vorhin U von φ war. Da $p = \frac{\partial \varphi}{\partial w}$, so wird, wenn φ in $\varphi + z$ übergeht, $p' = \frac{\partial \varphi}{\partial w} + \frac{\partial z}{\partial w}$, also die Zunahme von $p = \frac{\partial z}{\partial w}$ sein. Wenn s ein Minimum darstellt, so muss s' für jeden Werth von z, er sei positiv oder negativ, grösser sein als s. Nun war U eine Function von φ und p; die Zunahme von φ ist z; die Zunahme von p ist $\frac{\partial z}{\partial w}$, wir haben also nach dem Taylorschen Satz

$$U'' = F\left(\varphi + z, p + \frac{\partial z}{\partial w}\right) = U + \left(\frac{\partial U}{\partial \varphi}\right) z + \left(\frac{\partial U}{\partial p}\right) \cdot \frac{\partial z}{\partial w} + \cdots,$$

multipliciren wir mit ∂w, integriren und bringen $\int U \partial w = s$ auf die andere Seite, so erhalten wir

$$s' - s = \int \left(\frac{\partial U}{\partial \varphi}\right) z \partial w + \int \left(\frac{\partial U}{\partial p}\right) \partial z + \cdots,$$

wo die Glieder der höheren Ordnungen fortgelassen sind. Wenn s ein Minimum sein soll, so muss $s'-s$ für jeden Werth von z, also sowohl für $+z$ als auch für $-z$, einen positiven Werth haben. Da man nun z willkürlich nehmen, also auch so klein annehmen kann, dass die Glieder der ersten Ordnung grösser werden als die Summe der übrigen, ausser wenn jene verschwinden, so folgt, dass das Minimum nur stattfinden kann, wenn die Glieder der ersten Ordnung verschwinden. Man hat also für die Bedingung des Minimums

$$0 = \int \left(\frac{\partial U}{\partial \varphi}\right) z \partial w + \int \left(\frac{\partial U}{\partial p}\right) \partial z.$$

Da $\partial \left(\frac{\partial U}{\partial p}\right) z = \left(\frac{\partial U}{\partial p}\right) \partial z + z \partial \left(\frac{\partial U}{\partial p}\right)$, so giebt die Integration

$$\int \left(\frac{\partial U}{\partial p}\right) \partial z = \left(\frac{\partial U}{\partial p}\right) z - \int z \partial \left(\frac{\partial U}{\partial p}\right),$$

substituirt man diesen Werth, so wird

$$0 = \left(\frac{\partial U}{\partial p}\right)s + \int s \left\{\left(\frac{\partial U}{\partial \varphi}\right)\partial w - \partial\left(\frac{\partial U}{\partial p}\right)\right\}.$$

Da s für beide Grenzen des Integrals verschwindet, so muss, wenn diese Gleichung bestehen soll, das erste Glied für sich $= 0$ werden und man erhält

$$0 = \int s \left\{\left(\frac{\partial U}{\partial \varphi}\right)\partial w - \partial\left(\frac{\partial U}{\partial p}\right)\right\},$$

und da auch dies Integral für jeden Werth von s verschwinden muss, so folgt

$$0 = \left(\frac{\partial U}{\partial \varphi}\right)\partial w - \partial\left(\frac{\partial U}{\partial p}\right), \quad \text{daher}$$

$$0 = \int \left(\frac{\partial U}{\partial \varphi}\right)\partial w - \left(\frac{\partial U}{\partial p}\right)$$

und wenn man mit $\frac{\partial \varphi}{\partial w} = p$ multiplicirt, so wird

$$\left(\frac{\partial U}{\partial \varphi}\right)\partial w \cdot p = \left(\frac{\partial U}{\partial \varphi}\right)\partial \varphi = \partial U, \quad \text{daher}$$

$$\int \partial U = p\left(\frac{\partial U}{\partial p}\right) + \text{Const.} \quad \text{und}$$

$$\text{Const.} = U - p\left(\frac{\partial U}{\partial p}\right).$$

Die Function U war $= \sqrt{R'^2 p^2 + r^2}$, daher

$$\frac{\partial U}{\partial p} = \frac{R'^2 p}{\sqrt{R'^2 p^2 + r^2}} \quad \text{und} \quad p\frac{\partial U}{\partial p} = \frac{R'^2 p^2}{\sqrt{R'^2 p^2 + r^2}}.$$

Wir erhalten daher

$$\text{Const.} = \sqrt{R'^2 p^2 + r^2} - \frac{R'^2 p^2}{\sqrt{R'^2 p^2 + r^2}} = \frac{r^2}{\sqrt{R'^2 p^2 + r^2}}.$$

Da (Fig. 7) $ED = r\partial w$; $EC = R\partial \varphi$, so ist

$$\frac{r\partial w}{R\partial \varphi} = \text{tg}\alpha \quad \text{und}$$

$$\frac{\partial \varphi}{\partial w} = p = \frac{r}{R}\text{cotg}\alpha, \quad \text{folglich}$$

$$\text{Const.} = \frac{r^2}{\sqrt{r^2\text{cotg}^2\alpha + r^2}} = \frac{r}{\text{cosec}\alpha} = r\sin\alpha.$$

Die kürzeste Linie auf einer durch Rotation entstandenen Oberfläche hat also die Eigenschaft, dass auf jedem ihrer Punkte, der Abstand r von der Drehungsaxe multiplicirt in den Sinus des Azimuthes an diesem Punkt, eine constante Grösse ist.

Wenden wir diesen Satz auf eine Kugel an, welche in (Fig. 7) um eine durch P gehende Axe rotirt, dann ist A, B, P ein sphärisches Dreieck, dessen Winkel wir eben so, die gegenüberliegenden Seiten aber mit a, b, p bezeichnen wollen. Nennen wir den Radius der Kugel R, so ist der Abstand von der Drehungsaxe in $A = R\sin b = r$; der Abstand von der Drehungsaxe in $B = R\sin a = r'$. Nach der obigen Bedingung der kürzesten Linie muss sein

$$r \sin A = r' \sin B,$$

substituiren wir für r und r' die gefundenen Werthe, so erhalten wir

$$\sin b \sin A = \sin a \sin B$$

und das ist die bekannte Relation der sphärischen Dreiecke, dass die Sinus der Winkel sich verhalten wie die Sinus der gegenüberliegenden Seiten. Bezeichnen wir das Azimuth der geodätischen Linie im Punkte A mit α' und den Abstand von der Drehungsaxe mit r', so erhalten wir als Bedingung für die kürzeste Linie AB

$$r'\sin(\alpha' + 180°) = r\sin\alpha \quad \text{oder}$$
$$38. \quad r'\sin\alpha' = -r\sin\alpha.$$

§. 9. Formation der Differentialgleichungen für die kürzeste Linie und den Längenunterschied.

Wenden wir die so eben gefundene Bedingungsgleichung für die kürzeste Linie auf das Rotationsellipsoid an, so erhalten wir nach Gleichung 1.

$$r' = \frac{a\cos\varphi'}{\sqrt{1 - ee\sin^2\varphi'}}, \quad r = \frac{a\cos\varphi}{\sqrt{1 - ee\sin^2\varphi}},$$

wo φ' die Polhöhe von A und φ die Polhöhe von B bedeuten (Fig. 7). Die Differentiation der zweiten Gleichung giebt

$$\partial r = \frac{-a\sin\varphi\,\partial\varphi}{\sqrt{1 - ee\sin^2\varphi}} + \frac{a\cos\varphi \cdot ee\sin\varphi\cos\varphi\,\partial\varphi}{(1 - ee\sin^2\varphi)^{\frac{3}{2}}}$$

oder auf einerlei Nenner gebracht

$$= \frac{-a\sin\varphi\,\partial\varphi}{(1 - ee\sin^2\varphi)^{\frac{3}{2}}}(1 - ee\sin^2\varphi - ee + ee\sin^2\varphi)$$

$$= \frac{-a(1 - ee)\sin\varphi\,\partial\varphi}{(1 - ee\sin^2\varphi)^{\frac{3}{2}}}, \quad \text{mithin}$$

$$\frac{-\partial r}{\sin\varphi} = \frac{a(1 - ee)\partial\varphi}{(1 - ee\sin^2\varphi)^{\frac{3}{2}}} = \varrho\,\partial\varphi \quad (\text{Gl. 12.}).$$

Wir hatten zu Anfang des vorigen §. (Fig. 7) $EC = R\partial\varphi$ und $DE = r\partial w$ gefunden. Für das Rotationssphäroid ist $R = \varrho =$ dem Krümmungsradius im Meridian, daher $R\partial\varphi = \varrho\,\partial\varphi$.

— 31 —

Zählen wir nun die geographischen Längen w und $w + \partial w$ von dem Meridian von A nach Osten positiv nach Westen negativ, und den Winkel, in welchem der von A kommende Bogen den Meridian von D schneidet, von Norden rechts herum von 0 bis 360°, den wir durch α bezeichnen wollen, so erhalten wir für $DC = \partial s$

$$39. \quad \begin{cases} \partial s \cos\alpha = -\varrho\, \partial\varphi = \dfrac{\partial r}{\sin\varphi}, \\ \partial s \sin\alpha = -r\, \partial w. \end{cases}$$

Nennt man den Aequatorradius des Sphäroids a, so ist derselbe zugleich der grösste Abstand von der Drehungsaxe und alle anderen Abstände wie $r, r', \ldots$ sind kleiner als a. Man darf daher schreiben

$$r' = a\cos w'; \quad r = a\cos w; \quad \text{folglich} \quad \partial r = -a\sin w\, \partial w.$$

Setzt man diese Werthe für r und ∂r in die Gleichungen 39., so gehen sie über in:

$$40. \quad \begin{cases} \partial s \cos\alpha = -\dfrac{a\sin w\, \partial w}{\sin\varphi}, \\ \partial w = -\dfrac{\partial s \sin\alpha}{a\cos w}. \end{cases}$$

Setzt man die Werthe von r' und r in die Gleichung 38., so erhält man

$$41. \quad \cos w' \sin\alpha' = -\cos w \sin\alpha.$$

Diese Gleichung enthält die Relation zwischen den Seiten eines sphärischen Dreiecks $90° - w'$ und $90° - w$ und den ihnen gegenüberstehenden Winkel $360° - \alpha$ und α'. Die dritte Seite dieses Dreiecks soll durch σ und der ihr gegenüberstehende Winkel durch ω bezeichnet werden. Nach den bekannten Differentialformeln der sphärischen Trigonometrie ist aber

$$42. \quad \begin{cases} \partial w = -\cos\alpha\, \partial\sigma, \\ \cos w\, \partial\omega = -\sin\alpha\, \partial\sigma. \end{cases}$$

Die Entstehung dieser Formeln ist leicht nachzuweisen. Es sei in Fig. 7 APC das erwähnte sphärische Dreieck, also $\angle APC = \omega$, $AC = \sigma$, $AP = 90 - w'$, $CP = 90 - w$ und die Winkel α' und $360 - \alpha$ dieselben wie auf dem Sphäroid. Geht nun σ in $\sigma + \partial\sigma$ über, so geht ω in $\omega + \partial\omega$ über, und in dem unendlich kleinen Dreieck DEC ist EC die Aenderung der Seite $PC = 90 - w$; daher $-\partial w = EC$. Es ist aber $EC = \cos(360 - \alpha)\partial\sigma = \cos\alpha\, \partial\sigma$ und daher $\partial w = -\cos\alpha\, \partial\sigma$.

In dem kleinen Dreieck PED hat man

$$\sin\partial\omega : \sin\partial\sigma = \sin(360 - \alpha) : \sin(90 - (w + \partial w)).$$

An der Grenze ist aber $\sin\partial\omega = \partial\omega$; $\sin\partial\sigma = \partial\sigma$ und $\cos(w + \partial w) = \cos w$. Da nun

$\sin(360-\alpha) = -\sin\alpha$, so folgt
$$\cos u\, \hat{\partial}\omega = -\sin\alpha\, \hat{\partial}\sigma.$$
Wird der für $\hat{\partial}u$ gefundene Werth in die erste Gleichung 40. gesetzt, so erhält man
$$43. \quad \hat{\partial}s = a\frac{\sin u}{\sin\varphi}\cdot\hat{\partial}\sigma.$$
Multiplicirt man diese Gleichung mit $\sin\alpha$ und setzt für $\sin\alpha\,\hat{\partial}\sigma$ den oben gefundenen Werth, so ergiebt sich
$$\frac{-\hat{\partial}s\sin\alpha}{a\cos u} = \frac{\sin u}{\sin\varphi}\cdot\hat{\partial}\omega,$$
nun ist aber nach der zweiten Gleichung 40. der erste Theil der vorstehenden Gleichung $= \hat{\partial}w$, daher
$$44. \quad \hat{\partial}w = \frac{\sin u}{\sin\varphi}\cdot\hat{\partial}\omega.$$
In der Gleichung 1. §. 2 ist der Abstand von der Drehungsaxe x genannt, hier haben wir ihn mit r bezeichnet. Wir haben daher $x = r = a\cos u = \frac{a\cos\varphi}{\sqrt{1-ee\sin^2\varphi}}$ und können also u durch φ und umgekehrt φ durch u ausdrücken und erhalten auf die Weise

$$\cos u = \frac{\cos\varphi}{\sqrt{1-ee\sin^2\varphi}}; \qquad \cos\varphi = \frac{\cos u\sqrt{1-ee}}{\sqrt{1-ee\cos^2 u}},$$
$$\sin u = \frac{\sin\varphi\sqrt{1-ee}}{\sqrt{1-ee\sin^2\varphi}}; \qquad \sin\varphi = \frac{\sin u}{\sqrt{1-ee\cos^2 u}},$$
$$\operatorname{tg} u = \operatorname{tg}\varphi\sqrt{1-ee}, \qquad \operatorname{tg}\varphi = \frac{\operatorname{tg} u}{\sqrt{1-ee}}.$$

Wir erhalten daher
$$\frac{\sin u}{\sin\varphi} = \sqrt{1-ee\cos^2 u}$$
und wenn dieser Werth in die Gleichungen 43. und 44. gesetzt wird, so gehen dieselben über in
$$45. \quad \begin{cases} \hat{\partial}s = a\sqrt{1-ee\cos^2 u}\cdot\hat{\partial}\sigma, \\ \hat{\partial}w = \sqrt{1-ee\cos^2 u}\cdot\hat{\partial}\omega. \end{cases}$$

Die Integration dieser Gleichungen giebt die kürzeste, oder was dasselbe ist, die geodätische Linie s und den sphäroidischen Längenunterschied w.

§. 10. Integration der Differentialformel
$$\hat{\partial}s = a\sqrt{1-ee\cos^2 u}\cdot\hat{\partial}\sigma.$$

Es sei (Fig. 8) ABP ein sphärisches Dreieck und P der Pol; $90^\circ - u'$, $90^\circ - u$ und σ seien die 3 Seiten; α', $360^\circ - \alpha$ und ω die 3 Winkel, so haben wir aus der sphärischen Trigonometrie die Gleichungen

$$46. \begin{cases} \sin u = \sin u' \cos \sigma + \cos u' \sin \sigma \cos \alpha', \\ \cos u \cos \alpha = \sin u' \sin \sigma - \cos u' \cos \sigma \cos \alpha', \\ \cos u \sin \alpha = -\cos u' \sin \alpha'. \end{cases}$$

Führt man zwei Hülfswinkel m und M ein, die durch folgende 3 Gleichungen bestimmt werden

$$47. \begin{cases} \sin u' = \cos m \sin M, \\ \cos u' \cos \alpha' = \cos m \cos M, \\ \cos u' \sin \alpha' = \sin m. \end{cases}$$

Setzt man diese Werthe in die vorhergehenden Gleichungen, so gehen dieselben über in

$$48. \begin{cases} \sin u = \cos m \sin (M+\sigma), \\ \cos u \cos \alpha = -\cos m \cos (M+\sigma), \\ \cos u \sin \alpha = -\sin m. \end{cases}$$

Hieraus bilde man

$$\cos^2 u = 1 - \sin^2 u = 1 - \cos^2 m \sin^2 (M+\sigma)$$

und man erhält nun

$$\sqrt{1 - ee \cos^2 u} = \sqrt{1 - ee + ee \cos^2 m \sin^2 (M+\sigma)}, \quad \text{folglich}$$

$$49. \quad \partial s = a \sqrt{1 - ee + ee \cos^2 m \sin^2 (M+\sigma)} \cdot \partial \sigma.$$

Was die Werthe von m und M anbetrifft, so erhält man sie aus den Gleichungen 47. sehr leicht. Die erste durch die zweite dividirt, giebt $\operatorname{tg} M = \frac{\operatorname{tg} u'}{\cos \alpha'}$. Aus der zweiten folgt $\cos m = \frac{\cos u' \cos \alpha'}{\cos M}$ und die dritte giebt $\sin m$ unmittelbar; daher auch $\operatorname{tg} m = \cos M \operatorname{tg} \alpha'$. Eine genaue Beurtheilung der Zeichen ist unerlässlich, man erhält sie aber sicher, wenn wie hier $\operatorname{tg} M$ durch einen Quotienten ausgedrückt ist, den man immer wie $\frac{\sin}{\cos}$ ansehen kann. Nun ist der Sinus im ersten und zweiten Quadranten positiv, im dritten und vierten negativ; der Cosinus im ersten und vierten positiv, im zweiten und dritten negativ. Daher die Regel

M liegt im ersten Quadranten, wenn man hat $\frac{+}{+}$ im Quotienten,

- - - zweiten - - - - - $\frac{+}{-}$ -

- - - dritten - - - - - $\frac{-}{-}$ -

- - - vierten - - - - - $\frac{-}{+}$ -

In Bezug auf m bestimmen die Zeichen von $\sin m$ und $\cos m$ den Quadranten, in welchem m liegt.

Wir gehen nun zur Integration der Gleichung 49. über.

Setzen wir $M+\sigma = x$; die Grundzahl der natürlichen Logarithmen $= c$ und $\sqrt{-1} = i$, so haben wir

$$\sin(M+\sigma) = \sin x = \frac{c^{ix} - c^{-ix}}{2i}, \quad \text{daher}$$

$$\sin^2 x = \frac{c^{2ix} - 2 + c^{-2ix}}{-4} \quad \text{und erhalten nun}$$

$$1 - ee + ee\cos^2 m \sin^2(M+\sigma) = 1 - ee - \frac{ee\cos^2 m}{4}(c^{2ix} - 2 + c^{-2ix})$$

$$= 1 - ee + \frac{ee\cos^2 m}{2} - \frac{ee\cos^2 m}{4}(c^{2ix} + c^{-2ix})$$

und wenn wir den letzten Ausdruck rechts dem Gleichheitszeichen in zwei Factoren $(\alpha + \beta c^{2ix})(\alpha + \beta c^{-2ix})$ zerfällen, so erhalten wir ihn $= \alpha^2 + \beta^2 + \alpha\beta(c^{2ix} + c^{-2ix})$.

Aus der Vergleichung des reellen mit dem reellen und des imaginairen Theils mit dem imaginairen erhalten wir dann

$$\alpha^2 + \beta^2 = 1 - ee + \frac{ee\cos^2 m}{2}$$

$$2\alpha\beta = -\frac{ee\cos^2 m}{2},$$

daher $\quad (\alpha+\beta)^2 = 1 - ee \quad$ und $\quad (\alpha-\beta)^2 = 1 - ee + ee\cos^2 m$
$$= 1 - ee\sin^2 m.$$

Hieraus folgt nun

$$\alpha = \tfrac{1}{2}\{\sqrt{1-ee} + \sqrt{1-ee\sin^2 m}\},$$
$$\beta = \tfrac{1}{2}\{\sqrt{1-ee} - \sqrt{1-ee\sin^2 m}\}.$$

Führen wir nun anstatt der Wurzelgrösse ihre Zerlegung in Factoren ein, so geht unsere Differentialformel über in

$$\partial s = a\{\alpha + \beta c^{2i\sigma}\}^{\frac{1}{2}} \cdot \{\alpha + \beta c^{-2i\sigma}\}^{\frac{1}{2}} \cdot \partial\sigma$$

$$= a.\alpha\left\{1 + \frac{\beta}{\alpha}c^{2i\sigma}\right\}^{\frac{1}{2}} \cdot \left\{1 + \frac{\beta}{\alpha}c^{-2i\sigma}\right\}^{\frac{1}{2}} \cdot \partial\sigma,$$

wo $\quad \dfrac{\beta}{\alpha} = \dfrac{\sqrt{1-ee} - \sqrt{1-ee\sin^2 m}}{\sqrt{1-ee} + \sqrt{1-ee\sin^2 m}}.$

Da der Zähler dieses Ausdruckes unter allen Umständen negativ ist, so können wir $\dfrac{\beta}{\alpha} = -p$ setzen und haben es alsdann nur noch mit dem Zahlenwerth, aber nicht

mehr mit dem Zeichen zu thun. Wir erhalten daher
$$\partial s = a \cdot \alpha \{1-pe^{2ir}\}^{\frac{1}{2}} \cdot \{1-pe^{-2ir}\}^{\frac{1}{2}} \cdot \partial \sigma,$$
α lässt sich durch Einführung einer Hülfsgrösse unter eine andere Form bringen. Es ist nämlich
$$\sqrt{1-ee\sin^2 m} = \sqrt{1-ee+ee\cos^2 m} = \sqrt{(1-ee)\left(1+\frac{ee\cos^2 m}{1-ee}\right)}.$$
Setzen wir nun $\frac{e\cos m}{\sqrt{1-ee}} = \operatorname{tg} E$, so wird $\sqrt{1+\frac{ee\cos^2 m}{1-ee}} = \sqrt{1+\operatorname{tg}^2 E} = \frac{1}{\cos E}$, wir erhalten daher
$$\sqrt{1-ee\sin^2 m} = \frac{\sqrt{1-ee}}{\cos E} \quad \text{und nun}$$
$$\alpha = \tfrac{1}{2}\{\sqrt{1-ee}+\sqrt{1-ee\sin^2 m}\} = \tfrac{1}{2}\sqrt{1-ee}\left(\frac{1+\cos E}{\cos E}\right) = \sqrt{1-ee}\,\frac{\cos\tfrac{1}{2}E}{\cos E}, \quad \text{daher}$$
$$a \cdot \alpha = a\sqrt{1-ee}\,\frac{\cos\tfrac{1}{2}E}{\cos E} = \frac{b\cos\tfrac{1}{2}E}{\cos E}.$$
Ferner haben wir
$$\frac{\beta}{\alpha} = -p = \frac{\sqrt{1-ee}-\frac{\sqrt{1-ee}}{\cos E}}{\sqrt{1-ee}+\frac{\sqrt{1-ee}}{\cos E}} = \frac{\cos E-1}{\cos E+1}$$
oder frei vom Zeichen
$$p = \frac{1-\cos E}{1+\cos E} = \operatorname{tg}\tfrac{1}{2}^2 E.$$
Die Factoren nach dem binomischen Satz entwickelt geben
$$\{1-pe^{2ir}\}^{\frac{1}{2}} = 1-\tfrac{1}{2}pe^{2ir}-\frac{1.1}{2.4}p^2 e^{4ir}-\frac{1.1.3}{2.4.6}p^3 e^{6ir}-\frac{1.1.3.5}{2.4.6.8}p^4 e^{8ir}-\cdots,$$
$$\{1-pe^{-2ir}\}^{\frac{1}{2}} = 1-\tfrac{1}{2}pe^{-2ir}-\frac{1.1}{2.4}p^2 e^{-4ir}-\frac{1.1.3}{2.4.6}p^3 e^{-6ir}-\frac{1.1.3.5}{2.4.6.8}p^4 e^{-8ir}-\cdots.$$

Werden beide Reihen mit einander multiplicirt, das Product wie in §. 5 behandelt, und die Reihen, die dort mit A, B, C, D bezeichnet wurden, hier durch A', B', C', D' ausgedrückt, so erhält man das Product der Reihen
$$= A'-(e^{2ir}+e^{-2ir})B'-(e^{4ir}+e^{-4ir})C'-(e^{6ir}+e^{-6ir})D', \quad \text{wo}$$
$$A' = 1+\left(\tfrac{1}{2}\right)^2 p^2+\left(\frac{1.1}{2.4}\right)^2 p^4+\left(\frac{1.1.3}{2.4.6}\right)^2 p^6+\left(\frac{1.1.3.5}{2.4.6.8}\right)^2 p^8+\cdots$$
$$B' = \tfrac{1}{2}p-\frac{1.1}{2.4}\cdot\tfrac{1}{2}p^3-\frac{1.1.3}{2.4.6}\cdot\frac{1.1}{2.4}p^5-\frac{1.1.3.5}{2.4.6.8}\cdot\frac{1.1.3}{2.4.6}p^7-\cdots$$
$$C' = \frac{1.1}{2.4}p^2-\frac{1.1.3}{2.4.6}\cdot\tfrac{1}{2}p^4-\frac{1.1.3.5}{2.4.6.8}\cdot\frac{1.1}{2.4}p^6-\frac{1.1.3.5.7}{2.4.6.8.10}\cdot\frac{1.1.3}{2.4.6}p^8-\cdots$$
$$D' = \frac{1.1.3}{2.4.6}p^3-\frac{1.1.3.5}{2.4.6.8}\cdot\tfrac{1}{2}p^5-\frac{1.1.3.5.7}{2.4.6.8.10}\cdot\frac{1.1}{2.4}p^7-\cdots$$
$$\text{etc.} \quad \text{etc.}$$

Da nun $e^{2nx} + e^{-2nx} = 2\cos nx$ und $x = M+\sigma$, so erhalten wir

$$\partial s = \frac{b\cos\tfrac{1}{2}'E}{\cos E}\{A' - 2B'\cos 2(M+\sigma) - 2C'\cos 4(M+\sigma) - 2D'\cos 6(M+\sigma) - \cdots\} \cdot \partial\sigma.$$

Die Integration ist jetzt zurückgeführt auf $\int \cos n(M+\sigma)\partial\sigma$, welches gleich ist $\frac{1}{n}\sin n(M+\sigma)$, wir erhalten daher

$$s = \frac{b\cos\tfrac{1}{2}'E}{\cos E}\{A'\sigma - B'\sin 2(M+\sigma) - \tfrac{1}{2}C'\sin 4(M+\sigma) - \tfrac{1}{3}D'\sin 6(M+\sigma) - \cdots\} + \text{const.}$$

Da σ und s von ein und demselben Punkt auf der Sphäre und dem Sphäroid ausgehen, so wird für $\sigma = 0$ auch $s = 0$, daher

$$\text{const.} = \frac{b\cos\tfrac{1}{2}'E}{\cos E}\{B'\sin 2M + \tfrac{1}{2}C'\sin 4M + \tfrac{1}{3}D'\sin 6M + \cdots\}.$$

Das vollständige Integral wird also

$$s = \frac{b\cos\tfrac{1}{2}'E}{\cos E}\Big\{A'\sigma - B'\{\sin 2(M+\sigma) - \sin 2M\}$$
$$- \tfrac{1}{2}C'\{\sin 4(M+\sigma) - \sin 4M\}$$
$$- \tfrac{1}{3}D'\{\sin 6(M+\sigma) - \sin 6M\}$$
$$\vdots$$

Da $\sin 2n(M+\sigma) - \sin 2nM = 2\sin n\sigma \cos n(2M+\sigma)$, so erhalten wir endlich

50. $\begin{cases} s = \dfrac{b\cos\tfrac{1}{2}'E}{\cos E}\{A'\sigma - 2B'\sin\sigma\cos(2M+\sigma) \\ \qquad - C'\sin 2\sigma\cos(4M+2\sigma) \\ \qquad - \tfrac{2}{3}D'\sin 3\sigma\cos(6M+3\sigma) \end{cases}$

Diese Reihe giebt die Entfernung s der Punkte A und B (Fig. 7) durch u', a' und σ ausgedrückt; sind dagegen s und a' durch die Vermessung und u' durch die Polhöhe des Punktes A bekannt, so ist σ aus dieser transcendenten Gleichung zu bestimmen, was durch successive Näherung am einfachsten zu erreichen ist, besonders wenn man die von Bessel zu diesem Zweck berechneten Tafeln benutzt. (Siehe Anhang.)

Diese Tafeln sind folgendermassen construirt:

Dividirt man die Gleichung 50. zuerst mit dem Factor vor der Klammer, dann durch A' und bringt die negativen Glieder auf die andere Seite, so findet man

$$\sigma = \frac{s}{b} \cdot \frac{\cos E}{\cos\tfrac{1}{2}'E} \cdot \frac{1}{A'} + \frac{2B'}{A'}\cos 2(M+\sigma)\sin\sigma + \frac{C'}{A'}\cos(4M+2\sigma)\sin 2\sigma + \cdots$$

Setzt man nun

$$\alpha = \frac{\cos E}{\cos\frac{1}{2}E} \cdot \frac{1}{A'\sin 1''},$$

$$\beta = \frac{2B'}{A'\sin 1''},$$

$$\gamma = \frac{C'}{A'\sin 1''},$$

$$\delta = \frac{2D'}{A'\sin 1''},$$

so erhält man

51. $\sigma = \frac{\alpha}{b}\cdot s + \beta\cos(2M+\sigma)\sin\sigma + \gamma\cos(4M+2\sigma)\sin 2\sigma + \cdots$

Die oben erwähnten Tafeln enthalten die Logarithmen von α, β und γ für das Argument

$$\log\operatorname{tg} E = \log\frac{e\cos m}{\sqrt{1-ee}},$$

Bessel selbst sagt darüber (Astron. Nachrichten No. 86).

Durch diese Einrichtung erlangt man den Vortheil, dass die Zahlen in der Tafel für $\log\beta$ immer sehr nahe um die doppelte Differenz des Arguments, und in der Tafel für $\log\gamma$ um die vierfache Differenz des Arguments wachsen, wodurch der Gebrauch der Tafeln sehr erleichtert wird.

Um σ aus der obigen Gleichung zu finden, nimmt man $\frac{\alpha s}{b}$ als den ersten Näherungswerth an, substituirt denselben im zweiten Gliede und erhält dadurch einen zweiten Näherungswerth, mit welchem man das zweite Glied neu berechnet und das dritte hinzufügt. Die Convergenz der Reihe ist so gross, dass wenn man das Argument auch $=9,1$ annimmt (welchen Werth es nur bei einer Abplattung $> \frac{1}{212}$ erlangen kann), die Näherung nie weiter getrieben zu werden braucht, ohne σ um $0''.001$ fehlerhaft zu geben. Das von δ abhängige Glied beträgt für diesen Werth des Arguments nur $0''.0001$.

Die Tafel für $\log\alpha$ hat 8 Decimalen; ein Fehler einer halben Einheit der letzten Decimale erzeugt erst für $\sigma = 12^0 4'$, oder für etwa 700000 Toisen Entfernung, einen Fehler von $0''.0005$, welcher 0,008 Toisen entspricht. Für denselben Werth von σ rechnet man, mit der Tafel für $\log\beta$, wenn man alle Decimalen benutzt, die sie enthält, bis auf eine noch kleinere Grösse genau. Da eine grössere Genauigkeit kein Interesse zu haben scheint, indem die Genauigkeit der Tafeln die Sicherheit der Vermessungen schon weit überschreitet, so dass es unnütz sein würde mit mehr als 8 Decimalen zu rechnen, so habe ich der Tafel für $\log\beta$ zwar am Ende 6 Decimalen gegeben, allein früher davon so viele weggelassen, als geschehen konnte, ohne das Resultat um $0'',0005$ zweifelhaft zu machen. Das dritte Glied ist für den angegebenen Werth von σ, selbst am Ende der Tafel, nie grösser als $0'',17$, weshalb ich der Tafel für $\log \gamma$ nur 3 Decimalen gegeben habe. — Die Tafeln werden also, wenn die Entfernungen nicht grösser sind als 700000 Toisen, die Annäherung eines Tausendtheils einer Secunde geben, und selbst wenn die Entfernung einen Erdquadranten betrüge, so würden die Tafeln ein Hundertheil einer Secunde nicht zweifelhaft lassen.

Die Gleichung 50. kann man auch auf den Meridian anwenden. Man hat alsdann das Azimuth $\alpha'=0$, daher $\cos\alpha'=1$, $\sin\alpha'=0$ und erhält damit aus den Gleichungen 45. $\sin m = 0$, daher $\cos m = 1$, $\sin u' = \sin M$, $\cos u' = \cos M$, folglich $u' = M$.

Für $\alpha' = 90°$ steht die geodätische Linie senkrecht auf dem Meridian; es wird $\sin\alpha'=1$, $\cos\alpha'=0$, und die Gleichungen 47. geben $\cos u' = \sin m = \sin(90-u')$, daher $m = 90°-u'$, und $\operatorname{tg} M = \infty$, daher $M = 90°$.

§ 11. Integration der Differentialformel
$$\partial\omega = \sqrt{1-ee\cos^2 u}\,.\partial\omega.$$

Diese Formel kann man auch schreiben
$$\partial\omega = \{1-(1-\sqrt{1-ee\cos^2 u})\}\partial\omega$$
$$= \partial\omega - (1-\sqrt{1-ee\cos^2 u})\partial\omega.$$

Die Integration giebt
$$w = \omega - \int(1-\sqrt{1-ee\cos^2 u})\partial\omega.$$

Um $\partial\omega$ durch $\partial\sigma$ auszudrücken, multiplicire man (in Gleichung 42.) die zweite Gleichung mit $\cos u$, so erhält man
$$\cos^2 u\,\partial\omega = -\cos u \sin\alpha\,.\partial\sigma,$$
nun ist nach Gleichung 41. $-\cos u \sin\alpha = \cos u' \sin\alpha'$; man erhält also
$$\partial\omega = \frac{\cos u'\sin\alpha'\,.\partial\sigma}{\cos^2 u} \quad \text{und damit}$$

52. $\quad w = \omega - \cos u'\cos\alpha'\int\left(\frac{1-\sqrt{1-ee\cos^2 u}}{\cos^2 u}\right)\partial\sigma.$

Entwickelt man die Parenthese nach dem binomischen Satz, so erhält man

53. $\quad \dfrac{1-\sqrt{1-ee\cos^2 u}}{\cos^2 u} = \tfrac{1}{2}ee + \dfrac{1.1}{2.4}(ee)^2\cos^2 u + \dfrac{1.1.3}{2.4.6}(ee)^3\cos^4 u + \cdots$

Nach Gleichung 48. hatten wir $\sin u = \cos m \sin(M+\sigma) = \cos m \sin x$, wenn $x = M+\sigma$ gesetzt wird; daher

$$\cos^2 u = 1 - \cos^2 m \sin^2 x = 1 - \cos^2 m \left(\frac{1-\cos 2x}{2}\right) = 1 - \frac{\cos^2 m}{2} + \frac{\cos^2 m}{2}\left(\frac{e^{2ix}+e^{-2ix}}{2}\right)$$
$$= 1 - \frac{\cos^2 m}{2} + \frac{\cos^2 m}{4}(e^{2ix}+e^{-2ix}).$$

Setzt man diesen Ausdruck $= (\alpha + \beta e^{2ix})(\alpha + \beta e^{-2ix})$, so findet man

$$\alpha^2 + \beta^2 = 1 - \frac{\cos^2 m}{2} \quad \Big| \quad \text{daher} \quad \alpha + \beta = 1,$$
$$2\alpha\beta = \frac{\cos^2 m}{2} \quad \Big| \quad \alpha - \beta = \sin m,$$
$$\text{folglich} \quad \alpha = \frac{1+\sin m}{2}, \quad \beta = \frac{1-\sin m}{2}.$$

Wir erhalten daher

$$\cos^2 u = \alpha^2 \left\{1 + \frac{\beta}{\alpha} e^{2ix}\right\}\left\{1 + \frac{\beta}{\alpha} e^{-2ix}\right\}$$

und wenn wir $\frac{\beta}{\alpha} = q = \frac{1-\sin m}{1+\sin m}$ setzen,

$$\cos^2 u = \left(\frac{1+\sin m}{2}\right)^2 \{1+q e^{2ix}\}\{1+q e^{-2ix}\}, \quad \text{daher}$$

$$\cos^{2n} u = \left(\frac{1+\sin m}{2}\right)^{2n} \{1+q e^{2ix}\}^n \cdot \{1+q e^{-2ix}\}^n$$

und wenn wir nach dem binomischen Satz entwickeln

$$\{1+q e^{2ix}\}^n = 1 + nq e^{2ix} + \frac{n.n-1}{1.2} q^2 e^{4ix} + \frac{n.n-1.n-2}{1.2.3} q^3 e^{6ix} + \cdots$$

$$\{1+q e^{-2ix}\}^n = 1 + nq e^{-2ix} + \frac{n.n-1}{1.2} q^2 e^{-4ix} + \frac{n.n-1.n-2}{1.2.3} q^3 e^{-6ix} + \cdots$$

werden beide Reihen mit einander multiplicirt und die zusammengehörigen Glieder so wie früher vereinigt, so findet man

$$\left(\frac{1+\sin m}{2}\right)^{2n} \left\{1 + n^2 q^2 + \left(\frac{n.n-1}{1.2}\right)^2 q^4 + \left(\frac{n.n-1.n-2}{1.2.3}\right)^2 q^6 + \cdots\right\}$$

$$2\cos 2x \left(\frac{1+\sin m}{2}\right)^{2n} \left\{nq + n \cdot \frac{n.n-1}{1.2} q^3 + \frac{n.n-1}{1.2} \cdot \frac{n.n-1.n-2}{1.2.3} q^5 + \cdots\right\}$$

$$2\cos 4x \left(\frac{1+\sin m}{2}\right)^{2n} \left\{\frac{n.n-1}{1.2} q^2 + n \cdot \frac{n.n-1.n-2}{1.2.3} q^4 + \frac{n.n}{1.2} \cdot \frac{n.n-1.n-2.n-3}{1.2.3.4} q^6 + \cdots\right\}$$

$$2\cos 6x \left(\frac{1+\sin m}{2}\right)^{2n} \left\{\frac{n.n-1.n-2}{1.2.3} q^3 + n \cdot \frac{n.n-1.n-2.n-3}{1.2.3.4} q^5 + \cdots\right.$$

Bezeichnen wir nun I. für $n=1$, die erste Reihe mit a', den Coefficienten von $\cos 2x$ mit b', den von $\cos 4x$ mit c' .... II. für $n=2$, die erste Reihe mit a'', den Coefficienten von $\cos 2x$ mit b'' u. s. w., so finden wir

für $n = 1$ oder für $\cos^2 u$,
$$a' = \left(\frac{1+\sin m}{2}\right)^2 (1+q^2),$$
$$b' = 2\left(\frac{1+\sin m}{2}\right)^2 q,$$

für $n = 2$ oder für $\cos^4 u$,
$$a'' = \left(\frac{1+\sin m}{2}\right)^4 \{1+4q^2+q^4\},$$
$$b'' = 2\left(\frac{1+\sin m}{2}\right)^4 \{2q+2q^3\},$$
$$c'' = 2\left(\frac{1+\sin m}{2}\right)^4 q^2$$

u. s. w.   u. s. w.

Auf diese Weise erhalten wir

$$\cos^2 u = a' + b' \cos 2x,$$
$$\cos^4 u = a'' + b'' \cos 2x + c'' \cos 4x,$$
$$\cos^6 u = a''' + b''' \cos 2x + c''' \cos 4x + d''' \cos 6x,$$
$$\vdots$$

Multipliciren wir diese Ausdrücke der Reihe nach mit $\partial \sigma$ und erinnern uns, dass $x = M + \sigma$, so finden wir durch die Integration

$$\int \partial \sigma = \sigma,$$
$$\int \cos^2 u \cdot \partial \sigma = a' \sigma + \frac{b'}{2} \sin 2(M+\sigma),$$
$$\int \cos^4 u \cdot \partial \sigma = a'' \sigma + \frac{b''}{2} \sin 2(M+\sigma) + \frac{c''}{4} \sin 4(M+\sigma),$$
$$\int \cos^6 u \cdot \partial \sigma = a''' \sigma + \frac{b'''}{2} \sin 2(M+\sigma) + \frac{c'''}{4} \sin 4(M+\sigma) + \frac{d'''}{6} \sin 6(M+\sigma),$$
$$\vdots$$

Werden diese Werthe in Gleichung 53. gesetzt, so erhält man

$$\int \partial \sigma \left(\frac{1 - \sqrt{1 - ee \cos^2 u}}{\cos^2 u} \right) = \tfrac{1}{2} ee . \sigma + \frac{1.1}{2.4}(ee)^2 \left\{ a' \sigma + \frac{b'}{2} \sin 2(M+\sigma) \right\}$$
$$+ \frac{1.1.3}{2.4.6}(ee)^3 \left\{ a'' \sigma + \frac{b''}{2} \sin 2(M+\sigma) + \frac{c''}{4} \sin 4(M+\sigma) \right\}$$
$$\vdots \qquad\qquad + \text{const.}$$

Da für $\sigma = 0$ das Integral verschwindet, so ist

$$\text{const.} = -\left\{\frac{1.1}{2.4}(ee)^2 \frac{b'}{2}\sin 2M + \frac{1.1.3}{2.4.6}(ee)^3\left(\frac{b''}{2}\sin 2M + \frac{c''}{4}\sin 4M\right) + \cdots\right\}$$

und da $\sin 2n(M+\sigma) - \sin 2nM = 2\sin(n\sigma)\cos(2nM+n\sigma)$, so wird

$$\int \partial\sigma\left(\frac{1-\sqrt{1-ee\cos^2 u}}{\cos^2 u}\right) = \tfrac{1}{2}ee.\sigma + \frac{1.1}{2.4}(ee)^2[a'\sigma + b'\sin\sigma\cos(2M+\sigma)]$$
$$+ \frac{1.1.3}{2.4.6}(ee)^3\left[a''\sigma + b''\sin\sigma\cos(2M+\sigma) + \frac{c''}{2}\sin 2\sigma\cos(4M+2\sigma)\right]$$
$$\vdots$$

Setzen wir diesen Werth in die Gleichung 52., so finden wir den sphäroidischen Längenunterschied

$$54. \quad \begin{cases} w = \omega - \cos u' \sin\alpha' \Big\{ \sigma\Big[\tfrac{1}{2}ee + \frac{1.1}{2.4}(ee)^2 a' + \frac{1.1.3}{2.4.6}(ee)^3 a'' + \cdots\Big] \\ \qquad + \sin\sigma\cos(2M+\sigma)\Big[\frac{1.1}{2.4}(ee)^2 b' + \frac{1.1.3}{2.4.6}(ee)^3 b'' + \cdots\Big] \\ \qquad + \tfrac{1}{2}\sin 2\sigma\cos(4M+2\sigma)\Big[\frac{1.1.3}{2.4.6}(ee)^3 c'' + \cdots\Big] \\ \qquad \vdots \qquad \Big\} \end{cases}$$

Diese Reihe schreitet nicht so einfach fort wie die, welche wir für die geodätische Linie gefunden haben, weil hier die Constanten e und m getrennt vorkommen. Dadurch kann die streng richtige Auflösung der Aufgabe nicht auf Tafeln zurückgeführt werden, welche für alle Werthe von e gültig sind. Diese Schwierigkeit hat Bessel, mit einer unbedeutenden Aufopferung von der strengen Richtigkeit, durch folgenden Kunstgriff beseitigt:

Er setzt in Gleichung 52. die Grösse unter dem Integralzeichen

$$\frac{1-\sqrt{1-ee\cos^2 u}}{\cos^2 u} = \frac{ee}{2}(1+eep\cos^2 u)^q (1+y), \quad \text{so folgt}$$

$$1+y = \frac{2\{1-\sqrt{1-ee\cos^2 u}\}}{ee\cos^2 u(1+eep\cos^2 u)^q} \quad \text{und wenn man entwickelt}$$

$$= \frac{1 + \tfrac{1}{4}ee\cos^2 u + \tfrac{1}{8}(ee)^2\cos^4 u + \tfrac{5}{64}(ee)^3\cos^6 u + \cdots}{1 + qpee\cos^2 u + \frac{q.q-1}{1.2}pp(ee)^2\cos^4 u + \frac{q.q-1.q-2}{1.2.3}p^3(ee)^3\cos^6 u + \cdots}$$

Vergleicht man jetzt die Coefficienten von $\cos^2 u$ und $\cos^4 u$ in Zähler und Nenner, so findet man

$$\tfrac{1}{4} = qp; \quad \tfrac{1}{8} = \frac{q.q-1}{1.2}p^2 \quad \text{und hieraus folgt}$$

$$p = -\tfrac{3}{4} \quad \text{und} \quad q = -\tfrac{1}{3},$$

führt man diese Werthe in den Nenner ein, so erhält man

$$1+y = \frac{1+\frac{1}{2}ee\cos^2u+\frac{1}{8}(ee)^2\cos^4u+\frac{1}{16}(ee)^3\cos^6u+\cdots}{1+\frac{1}{4}ee\cos^2u+\frac{1}{8}(ee)^2\cos^4u+\frac{5}{64}(ee)^3\cos^6u+\cdots}$$
$$= 1 + \tfrac{1}{64}(ee)^3\cos^6u+\cdots$$

Durch die Vernachlässigung von y entsteht daher nur ein Fehler von der Ordnung von $(ee)^4$. Bessel sagt davon: Das Maximum des Einflusses dieses Fehlers auf w ist $=\tfrac{1}{384}(ee)^4\cdot\sigma$ und daher selbst dann unmerklich, wenn man auch sehr weit ausgedehnte Verbesserungen mit Logarithmentafeln von 10 Decimalen berechnen wollte. Man kann also für die Praxis $y=0$ setzen und dann das Integral auf Tafeln reduciren, die für jeden Werth von e gelten. Wir können daher

$$\int\frac{(1-\sqrt{1-ee\cos^2u})}{\cos^2u}i\sigma = \frac{ee}{2}\int\frac{i\sigma}{(1-\frac{1}{2}ee\cos^2u)^{\frac{1}{2}}}\quad\text{setzen, oder}$$
$$= \frac{ee}{2}\int\frac{i\sigma}{(1-\frac{1}{2}ee+\frac{1}{2}ee\cos^2m\sin^2x)^{\frac{1}{2}}}$$

wenn wir für $\cos^2u$ seinen Werth $=1-\cos^2m\sin^2x$ schreiben, wo $x=M+\sigma$. Nimmt man $\operatorname{tg}E'=\frac{e\cos m\sqrt{\frac{1}{2}}}{\sqrt{1-\frac{1}{2}ee}}$ und $\operatorname{tg}\frac{1}{2}E'=q$, so verwandelt sich das Integral in

$$\frac{ee}{2}\int\frac{i\sigma}{(1-\frac{1}{2}ee)^{\frac{1}{2}}(1+\operatorname{tg}^2E'\sin^2x)^{\frac{1}{2}}}.$$

Da $\sin^2x = \frac{1-\cos 2x}{2} = \frac{1}{2}-\frac{1}{2}\left(\frac{e^{2ix}+e^{-2ix}}{2}\right)$, so folgt

$$1+\tfrac{1}{2}\operatorname{tg}^2E'-\tfrac{1}{4}\operatorname{tg}^2E'[e^{2ix}+e^{-2ix}] = (\alpha+\beta e^{2ix})(\alpha+\beta e^{-2ix})$$
$$\alpha^2+\beta^2 = 1+\tfrac{1}{2}\operatorname{tg}^2E',$$
$$2\alpha\beta = -\tfrac{1}{2}\operatorname{tg}^2E'$$
$$(\alpha+\beta)^2 = 1;\quad (\alpha-\beta)^2 = 1+\operatorname{tg}^2E'.$$

Daher ist

$$\alpha = \tfrac{1}{2}(1+\sqrt{1+\operatorname{tg}^2E'}) = \tfrac{1}{2}\left(1+\frac{1}{\cos E'}\right) = \tfrac{1}{2}\left(\frac{1+\cos E'}{\cos E'}\right),$$
$$\beta = \tfrac{1}{2}(1-\sqrt{1+\operatorname{tg}^2E'}) = \tfrac{1}{2}\left(1-\frac{1}{\cos E'}\right) = -\tfrac{1}{2}\left(\frac{1-\cos E'}{\cos E'}\right),\quad\text{folglich}$$
$$\frac{\beta}{\alpha} = -\frac{1-\cos E'}{1+\cos E'} = -\operatorname{tg}\tfrac{1}{2}{}^2E' = -q,$$
$$\alpha = \tfrac{1}{2}\left(1+\frac{1}{\cos E'}\right) = \frac{1}{1-\operatorname{tg}\tfrac{1}{2}{}^2E'} = \frac{1}{1-q}.$$

Diese Werthe eingeführt geben das Integral

$$\frac{ee}{2}\int\frac{(1-q)^{\frac{1}{2}}}{(1-\frac{1}{4}ee)^{\frac{1}{2}}}\{1-qe^{2ix}\}^{-\frac{1}{2}}\cdot\{1-qe^{-2ix}\}^{-\frac{1}{2}}\cdot\partial\sigma\quad\text{oder}$$

$$\frac{ee}{(1-\frac{1}{4}ee)^{\frac{1}{2}}}\int\frac{(1-q)^{\frac{1}{2}}}{2}\{1-qe^{2ix}\}^{-\frac{1}{2}}\cdot\{1-qe^{-2ix}\}^{-\frac{1}{2}}\cdot\partial\sigma.$$

Die Factoren nach dem binomischen Satz entwickelt geben

$$(1-qe^{2ix})^{-\frac{1}{2}} = 1+\tfrac{1}{2}qe^{2ix}+\frac{1.4}{3.6}q^2e^{4ix}+\frac{1.4.7}{3.6.9}q^3e^{6ix}+\cdots$$

$$(1-qe^{-2ix})^{-\frac{1}{2}} = 1+\tfrac{1}{2}qe^{-2ix}+\frac{1.4}{3.6}q^2e^{-4ix}+\frac{1.4.7}{3.6.9}q^3e^{-6ix}+\cdots$$

Werden diese Reihen mit einander und das Product auch mit $\frac{1}{2}(1-q)^{\frac{1}{2}}$ multiplicirt und geordnet, wie früher, so findet man

$$\frac{ee}{(1-\frac{1}{4}ee)^{\frac{1}{2}}}\int\{\alpha'+2\beta\cos 2x+2\gamma'\cos 4x+\cdots\}\partial\sigma,\quad\text{wo}$$

55.
$$\begin{cases}\alpha' = \tfrac{1}{2}\sqrt{(1-q)^2}\left\{1+\left(\tfrac{1}{3}\right)^2q^2+\left(\tfrac{1.4}{3.6}\right)^2q^4+\cdots\right\},\\ \beta = \tfrac{1}{2}\sqrt{(1-q)^2}\left\{\tfrac{1}{2}q+\frac{1.4}{3.6}\cdot\tfrac{1}{2}q^3+\frac{1.4.7}{3.6.9}\cdot\frac{1.4}{3.6}q^5+\cdots\right\},\\ \gamma' = \tfrac{1}{2}\sqrt{(1-q)^2}\left\{\frac{1.4}{3.6}q^2+\frac{1.4.7}{3.6.9}\cdot\tfrac{1}{2}q^4+\frac{1.4.7.9}{3.0.9.12}\cdot\frac{1.4}{3.6}q^6+\cdots\right\},\\ \vdots\end{cases}$$

Da $x = M+\sigma$ und $\int\cos n(M+\sigma)\partial\sigma = \frac{1}{n}\sin n(M+\sigma)$, so erhalten wir das Integral gleich

$$\frac{ee}{(1-\frac{1}{4}ee)^{\frac{1}{2}}}\{\alpha'\sigma+\beta\sin 2(M+\sigma)+\tfrac{1}{2}\gamma'\sin 4(M+\sigma)+\cdots\}+\text{Const.}$$

Da das Integral für $\sigma = 0$ verschwindet, so folgt

$$\text{Const.} = -\frac{ee}{(1-\frac{1}{4}ee)^{\frac{1}{2}}}\{\beta\sin 2M+\tfrac{1}{2}\gamma'\sin 4M+\cdots\}$$

und da $\sin 2n(M+\sigma)-\sin 2nM = 2\sin n\sigma\cos n(2M+\sigma)$, so erhalten wir das vollständige Integral gleich

$$\frac{ee}{(1-\frac{1}{4}ee)^{\frac{1}{2}}}\{\alpha'\sigma+2\beta\sin\sigma\cos(2M+\sigma)+\gamma'\sin 2\sigma\cos(4M+2\sigma)+\cdots\}.$$

Setzen wir nun $2\beta = \beta'$, so finden wir den Werth von

56. $\beta' = \sqrt{(1-q)^2}\left\{\tfrac{1}{2}q+\frac{1.4}{3.6}\cdot\tfrac{1}{2}q^3+\frac{1.4.7}{3.6.9}\cdot\frac{1.4}{3.6}q^5+\cdots\right\}$ und nun

$$\int\left(\frac{1-\sqrt{1-ee\cos^2 u}}{\cos^2 u}\right)\partial\sigma = \frac{ee}{(1-\frac{1}{4}ee)^{\frac{1}{2}}}\{\alpha'\sigma+\beta'\sin\sigma\cos(2M+\sigma)+\gamma'\sin 2\sigma\cos(4M+2\sigma)+\cdots\}.$$

Setzen wir diesen Werth in die Gleichung 52., so finden wir, weil $\cos u' \sin\alpha' = \sin m$ ist (Gleichung 47.)

57. $\quad w = \omega - \dfrac{ee \sin m}{\sqrt{(1-\frac{1}{4}ee)}} \{\alpha'\sigma + \beta' \sin\sigma \cos(2M+\sigma) + \gamma' \sin 2\sigma \cos(4M+2\sigma) + \cdots \}.$

Nach den Reihen 55. und 56. hat Bessel die beiden ersten Constanten α' und β' berechnet. Dieselben befinden sich in der vierten und fünften Columne der Tafel. Das Argument derselben ist

$$\log \frac{e\sqrt{\frac{1}{2}}}{\sqrt{1-\frac{1}{4}ee}} \cos m.$$

Die Annäherung ist der der vorhergehenden Columnen der Tafel angemessen.

Man berechnet nun zuerst ω nach einer dem sphärischen Dreieck (Fig. 8) zugehörigen Formel, entweder

$$\sin\omega = \frac{\sin\sigma \sin\alpha'}{\cos u} = \frac{-\sin\sigma \sin\alpha}{\cos u'} = \frac{\sin\sigma \sin m}{\cos u \cos u'} \quad \text{oder}$$

$$\operatorname{tg}\tfrac{1}{2}\omega = \frac{\sin\frac{1}{2}(u'-u)}{\cos\frac{1}{2}(u'+u)} \operatorname{tg}\tfrac{1}{2}(\alpha'+\alpha) = \frac{\cos\frac{1}{2}(u'-u)}{\sin\frac{1}{2}(u'+u)} \operatorname{tg}\tfrac{1}{2}(\alpha'-\alpha)$$

und dann die Reduction auf w mit Hülfe der Tafel.

Bessel sagt über die Ausdehnung der Tafeln: Die Erklärung, welche ich von denselben gegeben habe, zeigt, dass bei dem Gebrauche derselben nicht etwa höhere Potenzen der Excentricität vernachlässigt werden, sondern dass sie das Resultat so genau geben, als die Anzahl ihrer Decimalstellen erlaubt. Die Rechnung, welche dieses leistet, ist meistentheils dieselbe, welche man führen muss, wenn man die Erde als sphärisch annimmt, und es ist dieser sphärischen Rechnung, durch die Berücksichtigung der Ellipticität der Erde nur die Auflösung der Gleichung 51. und die Berechnung der Reihe 57. hinzugekommen. — Da diese Berechnung, selbst für den häufigen Gebrauch, bequem genug ist, so scheint es mir unnöthig, Näherungen anzuwenden, welche auf der Bedingung beruhen, dass die Vermessung eine geringe Ausdehnung habe.

Denkt man sich den Lauf der geodätischen Linie fortgesetzt, so wird sie natürlich einmal wieder in dieselbe Polhöhe kommen, die sie im Anfangspunkt hatte; es frägt sich daher, ob sie wieder zu dem Anfangspunkt zurückkehrt oder nicht. Es sei in dem sphärischen Dreieck (Fig. 8) $u = u'$, $\sigma = 2\pi$, so ist auch $\omega = 2\pi$ und daher nach Gleichung 54. $w = 2\pi - \cos u' \sin\alpha' \{2\pi[\frac{1}{2}ee + \frac{3}{8}(ee)^2 a^2 + \cdots]\}$, die übrigen Glieder verschwinden, weil $\sin\sigma = \sin 2\pi = 0$ ist. Um die Polhöhe zu erreichen, von der man ausging, muss $\sigma = 2\pi$ werden. Für diesen Werth von σ hat also die geodätische

Linie die alte Polhöhe wirklich erreicht, während w noch nicht 2π ist. Dieser Punkt fällt daher nicht mit dem Ausgangspunkt zusammen, woraus denn folgt, dass die geodätische Linie sich wie eine Spirale um die Erde dreht, die sich nie schliesst und eine Curve doppelter Krümmung ist. Eine Ausnahme findet statt, wenn der Factor von $2\pi = 0$ ist, wenn also $\cos u' \sin \alpha' = 0$ wird. Dies kann geschehen, wenn $\cos u' = 0$ oder $\sin \alpha' = 0$, also $u' = 90°$, $\alpha' = 0°$ oder $180°$. Im ersten Fall geht sie vom Pol aus und trifft wieder in den Pol, ist also ein Meridian und daher eine Ellipse. Im zweiten Falle liegt sie im Meridian und ist ebenfalls eine Ellipse.

§. 12. Berechnung der Abstände der astronomisch bestimmten Punkte von ihren Parallelen.

Bessel stellt sich die Erde im Allgemeinen als ein elliptisches Rotationssphäroid mit kleinen Wellen oder Buckeln vor, d. h. mit Krümmungsverhältnissen an der Oberfläche, die hier und da von den Krümmungsverhältnissen eines mathematischen Sphäroids ein Wenig verschieden sind. Er unterscheidet also die Oberfläche des mathematischen Sphäroids von der wahren Oberfläche der Erde und denkt sich die Oberfläche des ersteren so bestimmt, dass sie möglichst nahe mit der letzteren zusammenfällt, dergestalt, dass die wahre Oberfläche sich an einigen Stellen über, an anderen unter der mathematischen befindet. — Unter wahrer Oberfläche der Erde wird stets diejenige Oberfläche verstanden, welche das stillstehende sich in völliger Ruhe befindende Wasser einnehmen würde. —

Sind nun zwei Punkte A und B auf der wahren Oberfläche der Erde gegeben, so denke man sich diejenigen Normalen der mathematischen Oberfläche, welche durch diese Punkte (die nicht in derselben zu liegen brauchen) gehen. Die Endpunkte dieser Normalen bestimmen dann auf der mathematischen Oberfläche die darauf projicirten Punkte A und B. Bezeichnet man diese Projectionen mit A_1 und B_1, dann ist die Entfernung s, welche aus den Vermessungen zwischen den Punkten A und B hervorgeht, als die geodätische Linie $A_1 B_1$ anzusehen, d. h. die Entfernung s gehört den Projectionen der Punkte A und B auf die mathematische Oberfläche an.

Verlängert man nun die wahren Lothlinien der Punkte A und B, so werden die Zenithpunkte am Himmel der oben erwähnten Normalen nicht mit den Zenithpunkten der wahren Lothlinien von A und B zusammentreffen, ausser wenn die Horizonte von A und B mit den Horizonten von A_1 und B_1 parallel sind. Es werden daher im Allgemeinen auch die Azimuthe und die Polhöhen der wahren und der projicirten Punkte von einander verschieden sein. Nennt man für eine geodätische Linie s

I. $\begin{cases} \text{in } A \text{ das Azimuth } \alpha'; & \text{die Polhöhe } \varphi' \\ \text{in } B \text{ - - } \alpha + 180°; & \text{- - } \varphi \end{cases}$

II. $\begin{cases} \text{in } A_1 \text{ das Azimuth } \sigma_1'; & \text{die Polhöhe } \varphi_1 \\ \text{in } B_1 \text{ - - } \sigma_1 + 180°; & \text{- - } \varphi_1. \end{cases}$

Die Grössen unter I. sind durch die Beobachtungen gegeben; die Grössen unter II. sollen in Verbindung mit der geodätischen Linie daraus abgeleitet werden.

Bessel hat in einer Abhandlung (Astron. Nachr. No. 329. 330. 331) diesen Einfluss der Unregelmässigkeiten in der Figur der Erde gründlich untersucht, und die Abhängigkeit der bekannten und unbekannten Grössen unter einander festgestellt; ist aber schliesslich zu dem Resultat gekommen, dass die bisherigen Beobachtungen eine solche Bestimmung der Unregelmässigkeiten noch nicht zulassen, und hat sich in der Gradmessung in Ostpreussen Seite 414 zu der Annahme genöthigt gesehen, dass die Azimuthe in A_1 und B_1 den Azimuthen in A und B gleich seien, um den Abstand der Parallelen von A_1 und B_1 in folgender Weise bestimmen zu können:

Wenn die Entfernung $A_1 B_1$ durch s, die Entfernung ihrer Parallelen durch S bezeichnet und die Azimuthe in A_1 und in B_1 gleich α' und $\alpha + 180°$ angenommen werden, und man setzt

$$\operatorname{tg} u_1' = \operatorname{tg} \varphi_1 \sqrt{1-ee}; \quad \operatorname{tg} u_1 = \operatorname{tg} \varphi_1 \sqrt{1-ee} \quad \text{und}$$
$$\sin u = \sin u_1' \cos \sigma + \cos u_1' \cos \alpha' \sin \sigma.$$

so ist nach Gleichung 45.

$$s = a \int \sqrt{1 - ee \cos^2 u} \, d\sigma,$$

wo das Integral von $\sigma = 0$ bis zu dem Werth von σ, welcher $u = u_1$ macht, zu nehmen ist. Denselben Ausdruck hat die Entfernung S der Parallelen, nur ist, zufolge einer Bemerkung am Ende des 10ten Paragraphen, $\alpha' = 0$, daher $\cos \alpha' = 1$ und daher nach der vorhergehenden Gleichung $\sin u = \sin(u_1' + \sigma)$, folglich $u = u_1' + \sigma$. Das Integral zur Bestimmung von S ist daher ebenfalls von $\sigma = 0$ bis $\sigma = u_1 - u_1'$ zu nehmen.

Da beide Integrale zwischen gleichen Grenzen von u genommen werden sollen und u nur in ee multiplicirt vorkommt, so sind sie sehr nahe in dem Verhältniss von $\sigma : (u_1 - u_1')$; denn dies Verhältniss kann von dem wahren nur um Grössen von der Ordnung $ee.\sigma\sigma$ verschieden sein. In der That zeigt die Entwickelung der Integrale, wenn man den stets unbedeutenden Einfluss von $(ee)^2$ weglässt, dass

$$\frac{S}{s} = \frac{u_1 - u_1'}{\sigma} \left\{ 1 - \tfrac{1}{12} ee\sigma^2 \sin u \sin u \sin \alpha' \sin \alpha \right\} \quad \text{ist.}$$

Wegen der bekannten Eigenschaft der geodätischen Linie (Gl. 38. und 41.), nach welcher sich die Sinusse von a' und a verhalten wie die Cosinusse von u_1 und u'_1, hat man zwischen $(u_1-u'_1)$, σ, a' und a die Relationen, welche das sphärische Dreieck ergiebt, welches aus den 3 Seiten $90-u'_1$, $90-u_1$ und a, und den beiden σ anliegenden Winkeln a' und $180°-a$ gebildet wird. Daher

$$\operatorname{tg}\tfrac{1}{2}(u_1-u'_1) = \operatorname{tg}\tfrac{1}{2}\sigma \frac{\cos\tfrac{1}{2}(a+a')}{\cos\tfrac{1}{2}(a-a')}.$$

Setzt man k für das Verhältniss der Cosinusse, so findet man durch Entwickelung der Tangenten

$$\frac{u_1-u'_1}{\sigma} = k\left\{1+\frac{\sigma^2}{12}(1-k^2)+\frac{\sigma^4}{240}(1-k^2)(2-3k^2)+\cdots\right\}.$$

Drückt man nun auf der rechten Seite σ durch s aus, indem man mit hinreichender Annäherung

$$\sigma = \frac{s}{a}\cdot\frac{1}{\sqrt{1-ee\cos u'\cos u}} = \frac{s}{a}\cdot q$$

setzt, so wird

$$\frac{u_1-u'_1}{\sigma} = k\left\{1+\tfrac{1}{12}\left(\frac{sq}{a}\right)^2(1-k^2)+\tfrac{1}{240}\left(\frac{sq}{a}\right)^4(1-k^2)(2-3k^2)+\cdots\right\}.$$

und wenn man mit hinreichender Annäherung in der ersten Formel $\sin a'\sin a = 1-k^2$ annimmt, welchen Werth man folgendermassen findet: setzt man für k seinen Werth und bringt unter einerlei Nenner, so ist

$$1-k^2 = \frac{\cos\tfrac{1}{2}^2(a-a')-\cos\tfrac{1}{2}^2(a+a')}{\cos\tfrac{1}{2}^2(a-a')}, \quad \text{nun ist}$$

$$\cos\tfrac{1}{2}(a-a')-\cos\tfrac{1}{2}(a+a') = 2\sin\tfrac{1}{2}a\sin\tfrac{1}{2}a';$$
$$\cos\tfrac{1}{2}(a-a')+\cos\tfrac{1}{2}(a+a') = 2\cos\tfrac{1}{2}a\cos\tfrac{1}{2}a'.$$

Das Product giebt $\cos\tfrac{1}{2}^2(a-a')-\cos\tfrac{1}{2}^2(a+a') = \sin a'\sin a$, daher

$$1-k^2 = \frac{\sin a'\sin a}{\cos\tfrac{1}{2}^2(a-a')}.$$

Die obige Annahme setzt also dort $\cos\tfrac{1}{2}^2(a-a') = 1$ voraus. Wird jetzt der Werth von $\frac{u_1-u'_1}{\sigma}$ in die erste Formel gesetzt, so erhält man

$$S = sk\left\{1+\tfrac{1}{12}\left(\frac{s}{a}\right)^2(q^2-ee\sin u'\sin u)(1-k^2)+\tfrac{1}{240}\left(\frac{sq}{a}\right)^4(1-k^2)(2-3k^2)+\cdots\right\}.$$

Wird

$$q^2-ee\sin u'\sin u = \frac{1}{1-ee\cos u'\cos u}-ee\sin u'\sin u = 1+ee\cos u'\cos u-ee\sin u'\sin u$$
$$= 1+ee\cos(u'+u) = q'$$

gesetzt, so folgt

58. $S = s \frac{\cos\frac{1}{2}(\alpha+\alpha')}{\cos\frac{1}{2}(\alpha-\alpha')} \left\{ 1 + \frac{1}{12}\left(\frac{sq}{a}\right)^2 \frac{\sin\alpha'\sin\alpha}{\cos\frac{1}{2}{}^2(\alpha-\alpha')} + \frac{1}{24}\sigma\left(\frac{sq}{a}\right)^3 \frac{\sin\alpha'\sin\alpha}{\cos\frac{1}{2}{}^3(\alpha-\alpha')}(2-3kk) + \cdots \right\}.$

Nach dieser Formel hat Bessel bei der Gradmessung in Ostpreussen die Abstände der Parallelen berechnet; sie bietet den Vortheil dar, dass man unmittelbar aus den kürzesten Linien die Abstände in Meridianbögen erhält. Hat man dagegen die kürzesten Linien s, s' ... schon in sphärische Bögen σ, σ' ... verwandelt, so kann man, wie wir gleich sehen werden, leicht, und ohne irgend etwas zu vernachlässigen, die sphärischen Abstände finden, und diese demnächst nach Gleichung 51. in Meridianbögen verwandeln.

§. 13. Andere Methode die Abstände der Parallelen zu berechnen und Bestimmung der Parallelbögen selbst.

Es sei (Fig. 10) ein sphärisches Dreieck, welches aus den in A und B beobachteten Polhöhen und Azimuthen und der in σ umgewandelten kürzesten Linie s gebildet wurde (§. 10).

Die 3 Stücke σ, α' und $\alpha - 180°$ bestimmen vollkommen das Dreieck. Wir haben also nach der sphärischen Trigonometrie

$$\text{tg}\tfrac{1}{2}(u-u') = \text{tg}\tfrac{1}{2}\sigma \frac{\cos\frac{1}{2}(\alpha+\alpha')}{\cos\frac{1}{2}(\alpha-\alpha')}.$$

vergleichen wir diesen Ausdruck mit dem von $\text{tg}\tfrac{1}{2}(u_1-u_1)$ im vorigen §., so sind dieselben vollkommen gleich und da wir auch für die halbe Summe dieser Tangenten gleiche Ausdrücke finden, so ergiebt sich, dass $u_1 = u$, $u_1' = u'$ sein müssen. Die Annahme also, dass die Azimuthe in den Projectionen von A und B den beobachteten Azimuthen gleich seien, hat zur Folge, dass auch die Polhöhen der Projectionen den beobachteten Polhöhen gleich sind. So lange daher nicht noch anderweitige neue Daten gewonnen werden können, wird von den schönen Untersuchungen Bessels, über die Unregelmässigkeiten der Erdoberfläche, wenig Nutzen zu ziehen sein.

Angenommen, es habe Q in Fig. 10 gleiche Breite mit B und Q' gleiche Breite mit A, so ist $QP = 90° - u$, $Q'P = 90° - u'$. Q ist also ein Punkt im Parallel von B, und Q' ein Punkt im Parallel von A. QB und $Q'A$ sind grösste Kreisbögen. Da die sphärischen Dreiecke BQP und $AQ'P$ beide gleichschenklig sind, so sind auch im ersten Dreieck die Winkel bei Q und B und im zweiten die Winkel bei Q' und A einander gleich. $AQ = BQ'$ ist der sphärische Abstand der Parallelen von A und B, den wir mit (σ) bezeichnen wollen.

Setzen wir den Winkel $QBA = x$, so ist $\angle QBQ' = x + \alpha - 180° = \angle BQA$ und wir haben in dem Dreieck QAB

den Winkel in $Q = x + \alpha - 180$,
- - - $A = \alpha'$,
- - - $B = x$,
die Summe $= 2x + \alpha + \alpha' - 180°$.

Diese Summe ist aber auch $= 180° + \epsilon$, wo ϵ der sphärische Excess. Hieraus finden wir
$$x = 180° - \tfrac{1}{2}(\alpha + \alpha' - \epsilon) \text{ und}$$
$$\angle AQB = \tfrac{1}{2}(\alpha - \alpha' + \epsilon).$$

Nun ist
$$\sin AQB : \sin x = \sin \sigma : \sin(\varsigma), \quad \text{daher}$$

59. $\sin(\varsigma) = \sin \sigma \dfrac{\sin \tfrac{1}{2}(\alpha + \alpha' - \epsilon)}{\sin \tfrac{1}{2}(\alpha - \alpha' + \epsilon)}$.

In dem zweiten Dreieck $AQ'B$ haben wir

den Winkel in $A = y$,
- - - $Q' = y + \alpha'$,
- - - $B = \alpha - 180°$,
die Summe $= 2y + \alpha + \alpha' - 180° = 180 + \epsilon'$,

daher $y = 180 - \tfrac{1}{2}(\alpha + \alpha' - \epsilon')$ und $\angle AQ'B = 180° - \tfrac{1}{2}(\alpha - \alpha' - \epsilon')$, folglich

60. $\sin(\varsigma) = \dfrac{\sin \sigma \sin \tfrac{1}{2}(\alpha + \alpha' - \epsilon')}{\sin \tfrac{1}{2}(\alpha - \alpha' - \epsilon')}$.

Aus der Vergleichung der beiden Werthe von $\sin(\varsigma)$ geht hervor, dass die beiden Quotienten der Sinusse einander gleich sein müssen. Ferner haben wir

$\sin AQB : \sin \alpha' = \sin \sigma : \sin BQ$,
$\sin AQ'B : \sin \alpha = \sin \sigma : \sin AQ'$, daher

61. $\sin BQ = \dfrac{\sin \sigma \sin \alpha'}{\sin \tfrac{1}{2}(\alpha - \alpha' + \epsilon)} = \sin p$,

62. $\sin AQ' = \dfrac{\sin \sigma \sin \alpha}{\sin \tfrac{1}{2}(\alpha - \alpha' - \epsilon')} = \sin P$.

Zur Bestimmung von ϵ und ϵ' dienen die Formeln aus der sphärischen Trigonometrie

$\sin \tfrac{1}{2}\epsilon = \dfrac{\sin \tfrac{1}{2}(\varsigma) \sin \tfrac{1}{2}\sigma \sin \alpha'}{\cos \tfrac{1}{2}p}$,

$\sin \tfrac{1}{2}\epsilon' = \dfrac{\sin \tfrac{1}{2}(\varsigma) \sin \tfrac{1}{2}\sigma \sin \alpha}{\cos \tfrac{1}{2}P}$, oder aus zwei Seiten mit dem eingeschlossenen Winkel

$$\operatorname{tg} \tfrac{1}{2} \epsilon = \frac{\operatorname{tg}\tfrac{1}{2}(\sigma)\operatorname{tg}\tfrac{1}{2}\sigma\sin\alpha'}{1+\operatorname{tg}\tfrac{1}{2}(\sigma)\operatorname{tg}\tfrac{1}{2}\sigma\cos\alpha'}.$$

Bei der Berechnung von ϵ und ϵ' setze man zuerst in den obigen Ausdrücken von $\sin(\sigma)$, $\sin p$ und $\sin P$, ϵ und $\epsilon' = 0$ und führe die so gefundenen Werthe in die letzten Gleichungen ein. In den meisten Fällen wird dies ausreichen; nur bei sehr grossen Entfernungen wird man die genäherten ϵ und ϵ' erst oben noch einführen und $\sin(\sigma)$, $\sin p$ und $\sin P$ verbessern müssen, um ϵ und ϵ' genau zu erhalten.

Aus dem sphärischen Abstand der Parallelen (σ) wird der sphäroidische s nach Gleichung 51. gefunden, wenn darin $M = u'$ und $\cos m = 1$ gesetzt wird. Man erhält alsdann

63. $\quad s = \frac{b}{a}\{(\sigma) - \beta\cos(2u'+(\sigma))\sin(\sigma) - \gamma\cos(4u'+2(\sigma))\sin 2(\sigma)-\cdots\}.$

Aus Gleichung 61. finden wir die halbe Sehne des durch B gehenden Parallelkreises $= a\sin\tfrac{1}{2}p$ und da der Winkel am Centrum des Parallelkreises gleich dem Längenunterschied ω ist, so erhalten wir, wenn wir den Mittelpunkt der Sehne mit dem Mittelpunkt des Parallelkreises verbinden, aus dem dadurch entstehenden rechtwinkligen ebenen Dreieck den Radius des Parallelkreises

64. $\quad r = \frac{a\sin\tfrac{1}{2}p}{\sin\tfrac{1}{2}\omega}.$

Nennen wir l die Länge des der Polhöhe u zugehörigen Parallelbogens, so haben wir $l:r\pi = \omega:180°$, also

$$l = \frac{\omega r \pi}{180°}.$$

Es ist aber $r = a\cos u = \frac{a\cos q}{\sqrt{1-e^2\sin^2 q}}$ (§. 9), daher

$$l = \frac{\omega\pi}{180}\cdot a\cos u$$

und die Länge eines Grades oder einer Secunde des Parallels

$$\frac{l}{\omega} = \frac{\pi}{180}\cdot a\cos u.$$

Wird ω in Graden ausgedrückt, so muss auch $\frac{\pi}{180}$ in Graden, und für ω in Secunden, auch $\frac{\pi}{180}$ in Secunden ausgedrückt werden. Da die Radien der Parallelkreise auf der Sphäre und dem Sphäroid beide $= r$ sind, so haben wir, wenn wir die Länge des Parallelbogens auf dem Sphäroid mit l' bezeichnen,

65. $\quad \dfrac{l'}{\omega} = \dfrac{\pi}{180}\cdot a\cos u.$

und daher
$$\frac{l}{\omega} = \frac{l'}{\omega'}.$$

d. h. die Länge eines Grades oder einer Secunde des Parallelbogens auf der Sphäre in der Polhöhe u ist gleich der Länge eines Grades oder einer Secunde auf dem Sphäroid in der Polhöhe φ'.

Ebenso finden wir
$$\frac{l'}{\omega} = \frac{\pi}{180} \cdot a \cos u',$$

d. h. die Länge eines Grades oder einer Secunde in der Polhöhe φ'.

Wir haben das sphärische Dreieck Fig. 9 aus den 3 Stücken α, α' und $a-180°$ bestimmt. Da ausserdem aber auch die Polhöhen gegeben sind, so können wir es auch vermittelst der 3 Seiten a, $90°-u'$ und $90°-u$ auflösen. Im ersten Fall wird ω und r unabhängig von den Polhöhen, in diesem Falle unabhängig von den Azimuthen. Die Gleichung 64. wird daher für r in beiden Fällen nicht genau gleiche Werthe geben. — Wie die Unterschiede von r, welche auf diese Weise entstehen, ausgeglichen werden können, soll später gezeigt werden. —

Die Formel, um aus den Polhöhen und a den sphärischen Längenunterschied zu finden, nimmt nach unserer Bezeichnung folgende Gestalt an:

66. $\quad \sin\frac{1}{2}\omega = \left\{ \dfrac{\sin\frac{1}{2}(u-u'+a)\sin\frac{1}{2}(a-(u-u'))}{\cos u \cos u'} \right\}^{\frac{1}{2}}.$

Will man auch die Azimuthe direct ableiten, so erhält man

$\sin\frac{1}{2}\alpha' = \left\{ \dfrac{\sin\frac{1}{2}(u'-u+a)\cos\frac{1}{2}(u+u'+a)}{\cos u' \sin a} \right\}^{\frac{1}{2}}$ und

$\sin\frac{1}{2}(360-\alpha) = \left\{ \dfrac{\sin\frac{1}{2}(u-u'+a)\cos\frac{1}{2}(u+u'+a)}{\cos u \sin a} \right\}^{\frac{1}{2}}.$

Diese Azimuthe können aber ebenfalls mit den beobachteten nicht genau übereinstimmen.

Man kann auch den sphärischen Längenunterschied durch die beiden Polhöhen und die beiden Azimuthe ausdrücken, nämlich

67. $\quad \cotg\frac{1}{2}\omega = \dfrac{-\tg\frac{1}{2}(\alpha+\alpha')\cos\frac{1}{2}(u+u')}{\sin\frac{1}{2}(u-u')} = \dfrac{-\tg\left(\frac{\alpha-\alpha'}{2}\right)\sin\frac{1}{2}(u-u')}{\cos\frac{1}{2}(u-u')},$

allein diese Bestimmung ist nicht zweckmässig, weil die gemessene Seite a keine Berücksichtigung findet.

Die hier gegebene Methode, die Abstände der Parallelen und Parallelbögen selbst zu berechnen, erleidet keine Einschränkung und ist für jede Ausdehnung gültig.

§. 14. Directe Bestimmung der kürzesten Linie.

Aus der ersten Gleichung 39. erhalten wir

$$\partial s = \frac{\partial r}{\sin\varphi \cos\alpha} = \frac{r\partial r}{\sin\varphi \, r \cos\alpha} = \frac{r\partial r}{\sin\varphi \sqrt{r^2(1-\sin^2\alpha)}} = \frac{r\partial r}{\sin\varphi \sqrt{r^2 - r'^2\sin^2\alpha'}},$$

weil nach Gleichung 38. $r^2\sin^2\alpha = r'^2\sin^2\alpha'$ ist.

Aus $r^2 = \frac{\cos^2\varphi}{1 - ee\sin^2\varphi}$ folgt $\sin\varphi = \frac{\sqrt{1-r^2}}{\sqrt{1-eer^2}}$, und wenn wir diesen Werth von $\sin\varphi$ oben einführen, so erhalten wir die Differentialformel der kürzesten Linie, ausgedrückt durch die Abstände von der Drehungsaxe und das Azimuth im Ausgangspunkte wie folgt:

$$68. \quad \partial s = \frac{r\partial r \sqrt{1-eer^2}}{\sqrt{1-r^2}\sqrt{r^2 - r'^2\sin^2\alpha'}}.$$

Setzt man $1 - r^2 = x^2$, so ist $r\partial r = -x\partial x$ und $\frac{r\partial r}{\sqrt{1-r^2}} = -\partial x$, $r^2 = 1 - x^2$; daher

$$\partial s = -\partial x \frac{\sqrt{1-ee+eex^2}}{\sqrt{1-x^2-r'^2\sin^2\alpha'}},$$

und wenn $1 - r'^2\sin^2\alpha' = q$ und $1 - ee = E$ geschrieben wird

$$69. \quad \partial s = -\frac{\partial x . \sqrt{E+eex^2}}{\sqrt{q-x^2}}.$$

Nun ist

$$\sqrt{E+eex^2} = E^{\frac{1}{2}} + \frac{1}{2}\frac{eex^2}{E^{\frac{1}{2}}} - \frac{1.1}{2.4}\frac{(ee)^2 x^4}{E^{\frac{3}{2}}} + \frac{1.1.3}{2.4.6}\frac{(ee)^3 x^6}{E^{\frac{5}{2}}} - \ldots$$

und

$$\int \frac{\partial x}{\sqrt{q-x^2}} = \arcsin\frac{x}{\sqrt{q}} = \arctg\frac{x}{\sqrt{q-x^2}},$$

$$\int \frac{x^2 \partial x}{\sqrt{q-x^2}} = \tfrac{1}{2} x \sqrt{q-x^2} - \tfrac{1}{2} q \arctg\frac{x}{\sqrt{q-x^2}},$$

$$\int \frac{x^4 \partial x}{\sqrt{q-x^2}} = \left(\frac{x^3}{4} - \frac{3qx}{8}\right)\sqrt{q-x^2} + \frac{3q^2}{8}\arctg\frac{x}{\sqrt{q-x^2}},$$

$$\int \frac{x^6 \partial x}{\sqrt{q-x^2}} = \left(\frac{x^5}{6} - \frac{5qx^3}{24} + \frac{5q^2 x}{16}\right)\sqrt{q-x^2} - \frac{5q^3}{16}\arctg\frac{x}{\sqrt{q-x^2}}.$$

$$\vdots$$

Setzen wir nun

— 53 —

$$A = E^{\frac{1}{2}} - \frac{ee\,q}{4E^{\frac{1}{2}}} - \frac{3(ee)^2 q^2}{64 E^{\frac{3}{2}}} - \frac{5(ee)^3 q^3}{16.16 E^{\frac{5}{2}}} - \ldots$$

$$B = \frac{ee}{4E^{\frac{1}{2}}} + \frac{3(ee)^2 q}{64 E^{\frac{3}{2}}} + \frac{5(ee)^3 q^2}{16.16 E^{\frac{5}{2}}} + \ldots$$

$$C = -\frac{(ee)^2}{32 E^{\frac{3}{2}}} - \frac{5(ee)^3 q}{16.24 E^{\frac{5}{2}}} - \ldots$$

$$D = \frac{(ee)^3}{16.6 E^{\frac{5}{2}}} + \ldots$$

$$\vdots$$

$$\log(E^{\frac{1}{2}}) = 9{,}9985458.202 - 10,$$

$\log \dfrac{ee}{4E^{\frac{1}{2}}} = 7{,}2238046.0 - 10,$ $\qquad \log \dfrac{(ee)^2}{32 E^{\frac{3}{2}}} = 4{,}1480334 - 10,$

$\log \dfrac{3(ee)^2}{64 E^{\frac{3}{2}}} = 4{,}3241246 - 10,$ $\qquad \log \dfrac{5(ee)^3}{16.24 E^{\frac{5}{2}}} = 1{,}59514 - 10,$

$\log \dfrac{5(ee)^3}{16.16 E^{\frac{5}{2}}} = 1{,}77123 - 10,$ $\qquad \log \dfrac{(ee)^3}{16.6 E^{\frac{5}{2}}} = 1{,}49823 - 10,$

so erhalten wir, mit Berücksichtigung darauf, dass die Integrale negativ genommen werden sollen, alle einzelnen mit negativem Zeichen. Setzen wir aber für x seinen Werth $\sqrt{1-r^2}$, so müssen wir das positive Zeichen beibehalten und finden dann

$$s = A \operatorname{arctg} \frac{\sqrt{1-r^2}}{\sqrt{q-1+r^2}} + B\sqrt{1-r^2}\sqrt{q-1+r^2} + C(1-r^2)^{\frac{3}{2}}\sqrt{q-1+r^2} + D(1-r^2)^{\frac{5}{2}}\sqrt{q-1+r^2}.$$

Es war aber $q = 1 - r'^2 \sin^2\alpha'$; daher $q - 1 = -r'^2 \sin^2\alpha'$ und wenn wir diesen Werth $= -p^2$ setzen, so wird $q - 1 + r^2 = r^2 - p^2$. Wenn $r = r'$ im Anfangspunkte wird, so wird $s = 0$. Wir finden daher die Constante, wenn wir für r, r' schreiben und die entgegengesetzten Zeichen nehmen, wobei wir aber noch folgende Abkürzung anbringen können. Es war $r^2 - p^2 = r^2 - r'^2 \sin^2 \alpha'$; wird nun $r = r'$, so wird

$$\sqrt{r^2 - p^2} = \sqrt{r'^2 - r'^2 \sin^2 \alpha'} = r' \cos\alpha'.$$

Hiernach finden wir nun

70. $\left\{ \begin{array}{l} s = A \left\{ \operatorname{arctg} \dfrac{\sqrt{1-r^2}}{\sqrt{r^2-p^2}} - \operatorname{arctg} \dfrac{\sqrt{1-r'^2}}{r' \cos\alpha'} \right\} + B \left[\sqrt{1-r^2}\sqrt{r^2-p^2} - \sqrt{1-r'^2}.r'\cos\alpha' \right] \\ + C[(1-r^2)^{\frac{3}{2}}\sqrt{r^2-p^2} - (1-r'^2)^{\frac{3}{2}}.r'\cos\alpha'] + D[(1-r^2)^{\frac{5}{2}}\sqrt{r^2-p^2} - (1-r'^2)^{\frac{5}{2}}.r'\cos\alpha'] \end{array} \right.$

oder

$s = A \left\{ \arcsin \dfrac{\sqrt{1-r^2}}{\sqrt{q}} - \arcsin \dfrac{\sqrt{1-r'^2}}{\sqrt{q}} \right\} + B \left[\sqrt{1-r^2}\sqrt{r^2-p^2} - \sqrt{1-r'^2}.r'\cos\alpha' \right]$
$\qquad + C[(1-r^2)^{\frac{3}{2}}\sqrt{r^2-p^2} - (1-r'^2)^{\frac{3}{2}}.r'\cos\alpha'] + D[(1-r^2)^{\frac{5}{2}}\sqrt{r^2-p^2} - (1-r'^2)^{\frac{5}{2}}.r'\cos\alpha'].$

Dieser Ausdruck ist richtig bis zur 8ten Potenz der Excentricität, und kann leicht noch um einige Glieder erweitert werden, so dass man mit vollkommener Sicherheit um die ganze Erde herum rechnen kann.

Da r vom Ausgangspunkt nach Norden abnimmt, nach Süden wächst, so wechseln die Zeichen. Hier sind die Zeichen für ein abnehmendes r genommen, d. h. so, als wenn der Punkt, nach dem die geodätische Linie gezogen werden soll, nördlicher als der Ausgangspunkt liegt.

Bei der Rechnung ist noch der Fall zu beachten, wenn r durch ein Minimum geht. Im Minimum selbst ist $r^2 - p^2 = 0$, also $r^2 = p^2$. Für diesen Werth findet man s vom Ausgangspunkt bis zum Minimum. Liegt nun der gegebene Punkt jenseit dem Minimum, so rechnet man zuerst bis zum Minimum, und, da von da an r wieder wächst, dann vom Minimum bis zu dem gegebenen r mit umgekehrten Zeichen in der Formel.

Im Minimum muss das Azimuth der geodätischen Linie 90° sein, denn aus $r^2 - p^2 = r'^2 \sin^2 \alpha'$ folgt $r = r' \sin \alpha'$ und dieser Werth kann nach Gleichung 38. nur stattfinden, wenn $r = r \sin \alpha$, also $\sin \alpha = 1$, d. h. $\alpha = 90^\circ$ ist.

Der grösste Werth, den r annehmen kann, ist $r = 1$, d. i. gleich dem Aequatorradius.

Wir erhalten auch das Minimum und Maximum für die Werthe, welche r annehmen kann, unmittelbar aus der Gleichung 68., wenn wir den Differentialquotienten von $\frac{\partial r}{\partial s} = 0$ setzen; nämlich

$$\sqrt{1-r^2} \cdot \sqrt{r^2 - r'^2 \sin^2 \alpha'} = 0 = (1-r^2)(r^2 - r'^2 \sin^2 \alpha') = (1-r^2)(r^2-p^2) \text{ oder}$$
$$r^4 - (1+p^2)r^2 = -p^2.$$

Hieraus folgt
$$r^2 = \frac{1+p^2}{2} \pm \sqrt{\left(\frac{1+p^2}{2}\right)^2 - p^2} = \frac{1+p^2}{2} \pm \frac{1-p^2}{2},$$

das obere Zeichen giebt $r^2 = 1$ oder das Maximum, das untere Zeichen $r^2 = p^2$ oder das Minimum. Hieraus folgt, dass die geodätische Linie bei fortgesetztem Lauf durch zwei gleiche nur im Zeichen verschiedene Maxima und Minima geht. Sie hat also ein Minimum in der nördlichen und eins in der südlichen Halbkugel, und schneidet den Aequator an zwei entgegengesetzten Punkten.

Setzen wir in Gleichung 38. $r = 1$, so folgt $\sin \alpha = r' \sin \alpha'$, wo α das Azimuth ist, unter welchem jede geodätische Linie den Aequator schneidet.

Alle durch Rotation entstandenen Oberflächen haben also die Eigenschaft, dass alle kürzesten Linien im Minimum des Abstandes von der Drehungsaxe ein Azimuth $\alpha = 90$, im Maximum ein Azimuth $\alpha = \arcsin(r' \sin \alpha')$ haben.

Wenn in Gleichung 38. $a' = 90°$ gesetzt wird, so folgt $r \sin a = r'$ und das Azimuth bei dem Durchgange durch den Aequator $a = \arcsin r'$ oder für den Aequatorradius $= a$; $a = \arcsin\left(\frac{r'}{a}\right)$.

Wenn s gegeben ist und es soll r bestimmt werden, so kann das nur durch successive Näherung geschehen. Man wendet dann die zweite Gleichung 70. an, sucht zuerst r aus dem ersten Gliede, indem man die übrigen vernachlässigt. Den gefundenen ersten Näherungswerth setzt man nun in das zweite Glied und findet damit den zweiten Näherungswerth. Einleuchtender wird dies Verfahren, wenn man die Formel schreibt wie folgt:

71. $\arcsin \dfrac{\sqrt{1-r^2}}{\sqrt{q}} = \left(\dfrac{s}{A} + \arcsin \dfrac{\sqrt{1-r'^2}}{\sqrt{q}}\right) - \dfrac{B}{A}\{\sqrt{1-r^2}\sqrt{r^2-p^2} - \sqrt{1-r'^2}.r'\cos a'\} - \dfrac{C}{A}\{\ldots\}$

Zuerst wird nun r aus dem Werth der ( ) rechts gesucht; mit diesem Werth von r wird $\frac{B}{A}\{\ \}$ berechnet, der Parenthese hinzugefügt und r auf der linken Seite von neuem bestimmt; mit dem neuen r wird nun das zweite Glied noch einmal und das dritte berechnet u. s. w.

Ist r gefunden, so findet man aus Gleichung 38. für das Azimuth

$$\sin a = \frac{r' \sin a'}{r}$$

und für die Polhöhe

$$\sin \varphi = \frac{\sqrt{1-r^2}}{\sqrt{1-eer^2}}.$$

In allen Fällen, wo die Entfernungen nicht grösser als einige zwanzig Meilen sind, reicht die zweite Potenz der Excentricität vollständig aus. Die Berechnung der Polhöhen und Azimuthe in einem Dreiecksnetz kann daher mit voller Schärfe nach der folgenden Gleichung berechnet werden

72. $\arcsin \dfrac{\sqrt{1-r^2}}{\sqrt{q}} = \dfrac{s}{A} + \arcsin \dfrac{\sqrt{1-r'^2}}{\sqrt{q}} - \dfrac{B}{A}\{\sqrt{(1-r^2)(r^2-p^2)} - r'\cos a'\sqrt{1-r'^2}\}$,

wo $A = \sqrt{1-ee} - \dfrac{ee}{4\sqrt{1-ee}}q$ und $B = \dfrac{ee}{4\sqrt{1-ee}}$

$p = r' \sin a'$; $q = 1 - p^2$.

§. 15. *Directe Bestimmung des Längenunterschiedes.*

Nach der zweiten Gleichung 39. ist

$$ds = -\frac{r \tilde c w}{\sin a} = -\frac{r' \tilde c w}{r \sin a} = \frac{r' \tilde c w}{p' \sin a'} \quad \text{(Gleichung 38.)}.$$

folglich
$$\partial w = \frac{\partial s \cdot r' \sin \alpha'}{r'^2}.$$

und für ∂s den Werth nach Gleichung 68. gesetzt, giebt

72. $\quad \partial w = \frac{r' \sin \alpha' \cdot \partial r \sqrt{1-eer'^2}}{r\sqrt{1-r'^2}\sqrt{r'^2-r'^2\sin^2\alpha'}}.$

Schreiben wir wieder p für $r'\sin\alpha'$, und setzen $x = r^2$, dann wird
$$\partial x = 2r\partial r = \frac{2r^2 \partial r}{r}; \quad \text{daher} \quad \frac{\partial r}{r} = \frac{\partial x}{2r^2} = \frac{\partial x}{2x},$$

so erhalten wir
$$\partial w = \frac{p \partial x \sqrt{1-eex}}{2x\sqrt{(1-x)(x-p^2)}} = \frac{p \partial x \sqrt{1-eex}}{2x\sqrt{-p^2+(1+p^2)x-x^2}}.$$

Die Wurzelgrösse im Zähler nach dem binomischen Satz entwickelt giebt
$$\tfrac{1}{2}\sqrt{1-eex} = \tfrac{1}{2} - \tfrac{1}{2}\cdot\tfrac{1}{2}eex - \tfrac{1}{2}\cdot\tfrac{1.1}{2.4}(ee)^2 x^2 - \tfrac{1}{2}\cdot\tfrac{1.1.3}{2.4.6}(ee)^3 x^3 - \cdots.$$

Setzen wir der Abkürzung wegen $-p^2 + (1+p^2)x - x^2 = X$ und integriren, so erhalten wir

$$p\int \frac{\partial x}{x\sqrt{X}} = p\frac{1}{p}\operatorname{arctg}\frac{(1+p^2)x-2p^2}{2p\sqrt{X}} = \operatorname{arctg}\frac{(1+p^2)x-2p^2}{2p\sqrt{X}},$$

$$p\int \frac{\partial x}{\sqrt{X}} = p\operatorname{arctg}\frac{2x-(1+p^2)}{2\sqrt{X}},$$

$$p\int \frac{x \partial x}{\sqrt{X}} = -p\sqrt{X} + \frac{p(1+p^2)}{2}\operatorname{arctg}\frac{2x-(1+p^2)}{2\sqrt{X}},$$

$$p\int \frac{x^2 \partial x}{\sqrt{X}} = -p\left(\frac{x}{2}+\frac{3(1+p^2)}{4}\right)\sqrt{X} + \left(\frac{3(1+p^2)^2}{8}-\frac{p^2}{2}\right)p\operatorname{arctg}\frac{2x-(1+p^2)}{2\sqrt{X}},$$

so erhalten wir
$$w = \tfrac{1}{2}\operatorname{arctg}\frac{(1+p^2)x-2p^2}{2p\sqrt{X}} - A\operatorname{arctg}\frac{2x-(1+p^2)}{2\sqrt{X}} - B\sqrt{X} - \frac{p(ee)^3}{64}x\sqrt{X} + \text{const.},$$

wo
$$A = +\frac{pee}{4} + p\frac{(1+p^2)(ee)^2}{32} + p\left(\frac{3(1+p^2)^2}{4} - p^2\right)\frac{(ee)^3}{64} + \cdots,$$

$$B = \frac{p(ee)^2}{16} + 3p\frac{(1+p^2)(ee)^3}{128} + \cdots,$$

$$\log \tfrac{ee}{4} = 7{,}2223504 \cdot 3 - 10,$$

$\log \tfrac{(ee)^2}{32} = 4{,}1436709 - 10, \qquad \log \tfrac{(ee)^2}{16} = 4{,}4447009 - 10,$

$\log \tfrac{(ee)^3}{64} = 1{,}66705 - 10, \qquad \log \tfrac{3(ee)^3}{128} = 1{,}84314 - 10.$

Für $r=r'$ oder $x=r'^2=x'^2$ wird $w=0$, daher

$$\text{const.} = -\tfrac{1}{2}\operatorname{arctg}\frac{(1+p^2)x'-2p^2}{2p\sqrt{X'}} + A\operatorname{arctg}\frac{2x'-(1-p^2)}{2\sqrt{X'}} + B\sqrt{X'} + \frac{p(ee)^2}{64}x'\sqrt{X'},$$

wo $X' = -p^2 + (1+p^2)x' - x'^2$. Das vollständige Integral wird daher

73. $\begin{cases} w = \tfrac{1}{2}\left\{\operatorname{arctg}\dfrac{(1+p^2)x-2p^2}{2p\sqrt{X}} - \operatorname{arctg}\dfrac{(1+p^2)x'-2p^2}{2p\sqrt{X'}}\right\} \\ + A\left\{\operatorname{arctg}\dfrac{2x'-(1+p^2)}{2\sqrt{X'}} - \operatorname{arctg}\dfrac{2x-(1+p^2)}{2\sqrt{X}}\right\} + B\{\sqrt{X'}-\sqrt{X}\} + \dfrac{p(ee)^2}{64}\{x'\sqrt{X'}-x\sqrt{X}\} + - \end{cases}$

Oder wenn man für x wieder die Abstände von der Drehungsaxe einführt und $1+p^2 = P$ setzt

74. $\begin{cases} w = \tfrac{1}{2}\left\{\operatorname{arctg}\dfrac{Pr'^2-2p^2}{2p\sqrt{(1-r'^2)(r'^2-p^2)}} - \operatorname{arctg}\dfrac{Pr^2-2p^2}{r^2\sin 2a'\sqrt{1-r^2}}\right\} \\ + A\left\{\operatorname{arctg}\dfrac{2r'^2-P}{2r'\cos a'\sqrt{1-r'^2}} - \operatorname{arctg}\dfrac{2r^2-P}{2\sqrt{(1-r^2)(r^2-p^2)}}\right\} + B\{r'\cos a'\sqrt{1-r'^2} - \sqrt{(1-r^2)(r^2-p^2)}\} \\ + \dfrac{p(ee)^2}{64}\{r'^3\cos a'\sqrt{1-r'^2} - r^2\sqrt{(1-r^2)(r^2-p^2)}\}. \end{cases}$

Hat man Polhöhe und Azimuth nach dem vorigen Paragraphen berechnet, so sind fast sämmtliche Ausdrücke schon gegeben und die Rechnung des Längenunterschiedes ist sehr leicht. Für gewöhnliche Dreiecksseiten, deren Länge einige zwanzig Meilen nicht überschreitet, fallen die beiden letzten Klammern, die in die 4te und 6te Potenz der Excentricität multiplicirt sind, fort.

§ 16. Bestimmung der Länge des verticalen Schnittes.

Es sei (Fig. 5) PMq der in P durch M gelegte verticale Schnitt, dessen Länge PM gefunden werden soll. Der Längenunterschied von P und M sei $= w$; die Polhöhe von $P = \varphi'$; die von $M = \varphi$.

Pq sei die Normale von P; Ms die Normale von M, und die Linie Mq verbinde den Punkt M mit dem Fusspunkt der Normale von P. Das obene Dreieck Mqs liegt also in der Meridianebene von M.

Die Meridianebenen von P und M bilden mit der Schnittebene in q eine dreiseitige Pyramidenspitze. Der Winkel der Seitenfläche PqP' ist $=90^0-\varphi'$; der Winkel der Seitenfläche MqP' ist $= MsP' + sMq = 90^0 - \varphi + sMq = 90^0 - (\varphi - y)$, wenn wir $y = sMq$ setzen. Der von diesen Seitenflächen eingeschlossene Kantenwinkel ist also der Längenunterschied, also $= w$.

Der Winkel y kann nach den Gleichungen 19., 20. und 21. wie folgt bestimmt werden. Aus Gleichung 19. folgt, wenn wir φ und φ' vertauschen, weil wir hier die Polhöhe von $P = \varphi'$ angenommen haben

$$qs = aee\left\{\frac{\sin\varphi'}{\sqrt{1-ee\sin^2\varphi'}} - \frac{\sin\varphi}{\sqrt{1-ee\sin^2\varphi}}\right\}, \text{ ferner}$$

$$qr = qs\cos\varphi \text{ und nun}$$

$$\operatorname{tg} y = \frac{qr}{Mr} \quad \text{oder} \quad y = \frac{qr}{Mr.\sin 1''},$$

welches in den meisten Fällen ausreichend sein wird. $Mr = n - qs\sin\varphi$, wo n die Normale des Punktes M ist.

Die Bestimmung der dritten Seitenfläche der Pyramidenspitze und ihrer anliegenden Kantenwinkel ist nun zurückgeführt auf die Auflösung eines sphärischen Dreiecks aus zwei Seiten, $90°-\varphi'$ und $90°-(\varphi-y)$ mit dem eingeschlossenen Winkel w. Der erste Kantenwinkel in P ist gleich dem Azimuth v' der Schnittebene; der zweite Kantenwinkel in M ist der Winkel, den die Schnittfläche mit der Meridianebene in M macht und den wir mit v bezeichnen wollen. Wir erhalten diesen Winkel aus den Gleichungen:

$$\operatorname{tg}\tfrac{1}{2}(v-v') = \operatorname{cotg} w \cdot \frac{\sin\tfrac{1}{2}(\varphi-\varphi'-y)}{\cos\tfrac{1}{2}(\varphi+\varphi'-y)},$$

$$\operatorname{tg}\tfrac{1}{2}(v+v') = \operatorname{cotg}\tfrac{1}{2}w \cdot \frac{\cos\tfrac{1}{2}(\varphi-\varphi'-y)}{\sin\tfrac{1}{2}(\varphi+\varphi'-y)} \quad \text{und nun}$$

$$\operatorname{tg}\tfrac{1}{2}(PqM) = \operatorname{tg}\tfrac{1}{2}(\varphi-\varphi'-y) \cdot \frac{\sin\tfrac{1}{2}(v+v')}{\sin\tfrac{1}{2}(v-v')}.$$

Ist der Punkt M, durch den der Schnitt gehen soll, nicht; dagegen aber das Azimuth v' in P gegeben, unter welchem der Schnitt gelegt werden soll, so sind zur Bestimmung der Pyramidenspitze, die Seitenfläche $=90°-\varphi'$ und die beiden anliegenden Kantenwinkel w und v' gegeben. Man findet daher die fehlenden Stücke durch die Auflösung eines sphärischen Dreiecks aus einer Seite und den beiden anliegenden Winkeln. Setzen wir $\angle MqP = b$, $\angle MqP = c$, so erhalten wir

$$\operatorname{tg}\left(\frac{b+c}{2}\right) = \operatorname{tg}\tfrac{1}{2}(90°-\varphi') \cdot \frac{\cos\tfrac{1}{2}(v'-w)}{\cos\tfrac{1}{2}(v'+w)},$$

$$\operatorname{tg}\left(\frac{b-c}{2}\right) = \operatorname{tg}\tfrac{1}{2}(90°-\varphi') \cdot \frac{\sin\tfrac{1}{2}(v'-w)}{\sin\tfrac{1}{2}(v'+w)},$$

oder auch direct

$$\operatorname{cotg} b = \frac{\operatorname{cotg} v' \sin w + \sin \varphi' \cos w}{\cos \varphi'}. \quad \text{(Siehe §. 7)}$$

und nun

$$\sin A = \frac{\cos\varphi' \sin v'}{\sin b},$$

wo A wieder der Winkel ist, unter welchem die Schnittebene die bei dem Längenunterschied ω gelegte Meridianebene $MP'q$ schneidet.

Da der gefundene Winkel $MqP' = b = 90^0 - \varphi'' + y$ ist, so folgt $90^0 - \varphi'' = b - y$, daher

$$qs = aee\left\{\frac{\sin\varphi'}{\sqrt{1-ee\sin^2\varphi'}} - \frac{\cos(b-y)}{\sqrt{1-ee\cos^2(b-y)}}\right\} \text{ und dann}$$

$$qr = qs\sin(b-y); \qquad rs = qs\cos(b-y);$$

$$n = \frac{a}{\sqrt{1-ee\cos^2(b-y)}}; \qquad Mr = n - rs \text{ und endlich}$$

$$\operatorname{tg} y = \frac{qr}{Mr}.$$

Da y ein kleiner Winkel ist, so kann man ihn zuerst $= 0$ setzen, und den auf diese Weise gefundenen Werth von neuem wieder einführen. Ist y bestimmt, dann erhält man für die Polhöhe von M, d. h. für die Polhöhe, unter welcher ein in P unter dem Azimuth v' gelegter verticaler Schnitt den Meridian von M schneidet

$$\varphi'' = 90^0 - b + y.$$

Aus Gleichung 37. findet man die Polhöhe φ des Punktes M unmittelbar. Sind dagegen, wie in der vorigen Aufgabe, die beiden Polhöhen und der Längenunterschied gegeben, so findet man aus Gleichung 37. den Winkel v'.

Nach dem Bisherigen können wir für jeden verticalen Schnitt die Winkel v und $e = MqP$ bestimmen. Wir können auch einen unter dem Azimuth v' von P aus gelegten verticalen Schnitt beliebig verlängern und successive die Polhöhen der Durchschnittspunkte $\varphi, \varphi_1, \varphi_{11} \ldots$ bestimmen, die mit Meridianen gebildet werden, die um die Längenunterschiede $w, w_1, w_{11} \ldots$ von einander abstehen, so wie auch die Winkel $e, e_1, e_{11} \ldots$ welche diese Meridianebenen an den verschiedenen Durchschnittspunkten mit der Schnittebene machen. Es kommt daher nur noch darauf an, die Längen der Schnittcurve zwischen den Durchschnittspunkten mit den Meridianen zu finden. Es sei (Fig. 5) PMq die Ebene des Schnittes, der von dem ersten Meridian in P, von dem zweiten in M durchschnitten wird. Die Elemente dieser Schnittellipse, für die Polhöhe in $P = \varphi'$ und das Azimuth v', sind nach §. 3 durch die Gleichungen 7., 8., 9., 10. bestimmt. Wir haben also (Fig. 14)

$$\operatorname{tg}\lambda' = \frac{\operatorname{tg}\varphi'}{\cos v'},$$

die Normale $Pq = \dfrac{a'}{\sqrt{1-ee\sin^2\lambda'}}$ und $u = \dfrac{ee(1-\cos^2\varphi'\sin^2 v')}{1-ee\cos^2\varphi'\sin^2 v'}.$

Setzen wir in dem Ausdruck der Normale der Schnittellipse für a' den Werth aus Gleichung 8., für $\sqrt{1-ee\sin^2\lambda'}$ den Werth aus Gleichung 6., so erhalten wir

$$Pq = \frac{a'}{\sqrt{1-ee\sin^2\lambda'}} = \frac{a}{\sqrt{1-ee\sin^2\varphi'}},$$

d. h. die Normale der Schnittellipse, deren Winkel λ' durch die Gleichung $\operatorname{tg}\lambda' = \frac{\operatorname{tg}\varphi'}{\cos c'}$ bestimmt wird, ist gleich der Normale der Meridianellipse in der Polhöhe φ', woraus denn folgt, dass die kleine Axe der Schnittellipse durch den Punkt q geht. Die kleine Axe der Meridianellipse geht aber ebenfalls durch den Punkt q; beide Axen schneiden sich daher in diesem Punkt. Da nun in der Meridianellipse die Normale Pq mit der kleinen Axe den Winkel $90°-\varphi'$, in der Schnittellipse aber dieselbe Normale Pq mit der kleinen Axe den Winkel $90°-\lambda'$ macht, so folgt, dass die Mittelpunkte beider Ellipsen nicht zusammenfallen. Ihre gegenseitige Lage ergiebt sich aus den unter Gleichung 18. bestimmten Stücken.

Winkel $PqM = c$ ist bereits bestimmt, es soll Winkel $MsC = 90°-\lambda$ gefunden werden.

$\angle PqC = 90°-\lambda'$; $MqC = 90°-\lambda'-c = 90°-\lambda+y$; wo $y = qMs'$.

Wir haben also analog wie vorhin

$$qs' = a'ee\left\{\frac{\sin\lambda'}{\sqrt{1-ee\sin^2\lambda'}} - \frac{\sin(\lambda'+c+y)}{\sqrt{1-ee\sin^2(\lambda'+c+y)}}\right\}$$

$$qr = qs'\sin(\lambda'+c+y); \quad rs' = qs'\cos(\lambda'+c+y)$$

$$Ms = n = \frac{a'}{\sqrt{1-ee\sin^2(\lambda'+c+y)}}; \quad Mr = n-rs' \text{ und endlich}$$

$$\operatorname{tg} y = \frac{qr}{Mr} = \sin(\lambda'+c+y)\frac{qs'}{n} + \sin(\lambda'+c+y)\cos(\lambda'+c+y)\left(\frac{qs'}{n}\right)^2 \quad \text{(Gl. 21.)}.$$

y ist zwar unbekannt aber klein, man findet es daher leicht, wenn man es zuerst $= 0$ setzt, und dann den gefundenen Näherungswerth noch einmal einführt. Ist y bekannt, dann folgt $90-\lambda'-c-y = 90-\lambda$, folglich

$$\lambda = \lambda'+c+y.$$

Die Winkel λ' und λ, welche die Normalen Pq und Ms' mit der grossen Axe machen, sind den Polhöhen φ' und φ in der Meridianellipse analog, wir erhalten daher den zwischen diesen Normalen liegenden elliptischen Bogen PM nach Gleichung 34.

75. $\quad S-S' = \frac{8a'(1-ee)}{(1+\sqrt{1-ee})^2}\left\{A'''(\lambda-\lambda') - B'''(\sin 2\lambda - \sin 2\lambda') + \cdots\right\}.$

So wie wir die Länge des Schnittes zwischen den Meridianen von φ' und φ gefunden haben, so finden wir ihn auch zwischen den Meridianen von φ' und φ_1 u. s. w.

Ziehen wir entweder die Gleichung 50. oder die Gleichung 70. hiervon ab, so erhalten wir den Unterschied zwischen der Schnittcurve und der kürzesten Linie. Die analytische Entwickelung dieses Unterschiedes oder die directe Bestimmung desselben bietet Schwierigkeiten dar (siehe §. 24). Bessel giebt in N°. 330 der astron. Nachrichten das niedrigste Glied dieses Unterschiedes

$$= \frac{(ee)^2}{90} \cdot \frac{s^5}{a^4} \cos^4\varphi \cos^2 a \sin^2 a \quad \text{an.}$$

Hieraus geht hervor, dass der Unterschied zwischen dem verticalen Schnitt und der kürzesten Linie so klein ist, dass er auch bei den grössten Gradmessungen nicht in Betracht kommen kann. Die Entfernung, welche wir aus einer Dreieckskette zwischen zwei Punkten durch Rechnung ermitteln, ist also gleich der kürzesten Linie anzusehen und auch gleich der Curve des verticalen Schnittes zwischen diesen Punkten.

Die Bogenstücke eines verticalen Schnittes, der mehrere Meridiane durchschneidet, zwischen den einzelnen Durchschnittspunkten, können wir daher aus den Dreiecksketten rechnen. Die Winkel λ, λ_I, λ_{II}, welche die Normalen der Schnittellipse in den Durchschnittspunkten mit ihrer grossen Axe machen, können wir, wie vorhin gezeigt wurde, ebenfalls bestimmen. Wir erhalten daher für je zwei Durchschnittspunkte, welche derselbe verticale Schnitt mit zwei Meridianen bildet, eine Gleichung wie die obige, in der $S-S'$ aus den Dreiecken hergeleitet und λ wie oben bestimmt werden kann. Diese Gleichungen enthalten nur zwei Unbekannte a' und ee; es reichen daher zwei solcher Gleichungen hin, um dieselben bestimmen zu können. Aus a' und ee kann dann nach den Gleichungen 8. und 10. a und ee, d. h. die halbe grosse Axe und die Excentricität der Meridianellipse gefunden werden.

Hieraus geht hervor, dass Gradmessungen in derselben Weise wie die Breitengradmessungen im Meridian, in jedem beliebigen Azimuth ausgeführt werden können.

§. 17. Bestimmung des Unterschiedes zwischen dem Azimuth des verticalen Schnittes und dem der geodätischen Linie.

Aus der Gleichung des verticalen Schnittes (§. 7 Gleichung 37.) finden wir

76. $\cot g \varphi' = \left\{ \frac{eer'}{r} \sin\varphi' - \sin\varphi' \cos\alpha + (1-ee) \cos\varphi' \operatorname{tg}\varphi \right\} \frac{1}{\sin\alpha}$.

Da $\sin\varphi' = \frac{\sqrt{1-r'^2}}{\sqrt{1-eer'^2}}$; $\cos\varphi' = \frac{r'\sqrt{1-ee}}{\sqrt{1-eer'^2}}$; $\operatorname{tg}\varphi = \frac{\sqrt{1-r'^2}}{r'\sqrt{1-ee}}$, daher auch

$$\operatorname{cotg} v' = \left\{ \left(\frac{eer'}{r} - \cos w \right) \frac{\sqrt{1-r'^2}}{\sqrt{1-eer'^2}} + (1-ee) \frac{r'}{r} \frac{\sqrt{1-r^2}}{\sqrt{1-eer'^2}} \right\} \frac{1}{\sin w}$$

$$= \left\{ \left(\frac{eer'}{r} - \cos w \right) \sqrt{1-r'^2} + (1-ee) \frac{r'}{r} \sqrt{1-r^2} \right\} \frac{1}{\sin w \sqrt{1-eer'^2}}$$

$$= \left\{ \frac{r'}{r} \sqrt{1-r^2} - \cos w \sqrt{1-r'^2} + \frac{eer'}{r} (\sqrt{1-r'^2} - \sqrt{1-r^2}) \right\} \frac{1}{\sin w \sqrt{1-eer'^2}}$$

oder wenn wir die reducirten Breiten einführen

77. $\quad \operatorname{cotg} v' = \dfrac{\cos u' \sin u - \sin u' \cos u \cos w + ee \cos u'(\sin u' - \sin u)}{\cos u \sin w \sqrt{1-ee\cos^2 u'}}$.

Diese Gleichungen dienen dazu, um das Azimuth eines verticalen Schnittes zu bestimmen, wenn der Längenunterschied w und die Polhöhen φ' und φ, durch welche der Schnitt gehen soll, gegeben sind.

Wir können aber auch für den Längenunterschied w und die Polhöhe φ' einen verticalen Schnitt in dem Azimuth a' der geodätischen Linie legen, und die andere Polhöhe φ'' bestimmen. Da in diesem Fall $v' = a'$ ist, so geht die erste Gleichung über in die Gleichung

78. $\quad \operatorname{cotg} a' = \left\{ \dfrac{eer'}{r''} \sin \varphi' - \sin \varphi' \cos w + (1-ee) \cos \varphi' \operatorname{tg} \varphi'' \right\} \dfrac{1}{\sin w}$,

aus der die Polhöhe φ'' und das zugehörige r'' durch Näherung leicht gefunden werden können. Man kann aber auch φ'' nach §. 14 bestimmen. Die Polhöhen in Abständen von der Drehungsaxe ausgedrückt, giebt

$$\operatorname{cotg} a' = \left\{ \frac{r' \sqrt{1-r''^2}}{r''} - \cos w \sqrt{1-r'^2} + \frac{eer'}{r''} (\sqrt{1-r'^2} - \sqrt{1-r''^2}) \right\} \frac{1}{\sin w \sqrt{1-eer'^2}}.$$

Nehmen wir jetzt den Unterschied der beiden Cotangenten, so finden wir

$$\operatorname{cotg} a' - \operatorname{cotg} v' = \left\{ r' \left(\frac{\sqrt{1-r''^2}}{r''} - \frac{\sqrt{1-r^2}}{r} \right) + eer' \left(\frac{\sqrt{1-r'^2}}{r} - \frac{\sqrt{1-r''^2}}{r''} \right) \right.$$
$$\left. + eer' \sqrt{1-r'^2} \left(\frac{1}{r''} - \frac{1}{r} \right) \right\} \frac{1}{\sin w \sqrt{1-eer'^2}}.$$

Da $\operatorname{cotg} a' - \operatorname{cotg} v' = \dfrac{\sin(v'-a')}{\sin a' \sin v'} = \dfrac{v'-a'}{\sin a' \sin v'}$, weil $v' - a'$ ein kleiner Winkel ist, dessen Sinus mit dem Bogen verwechselt werden kann, so erhalten wir

79. $\quad v' - a' = \left\{ r' \left(\dfrac{\sqrt{1-r''^2}}{r''} - \dfrac{\sqrt{1-r^2}}{r} \right) + eer' \left[\dfrac{\sqrt{1-r^2}}{r} - \dfrac{\sqrt{1-r''^2}}{r''} + \sqrt{1-r'^2} \left(\dfrac{1}{r''} - \dfrac{1}{r} \right) \right] \right\} \dfrac{\sin a' \sin v'}{\sin w \sqrt{1-eer'^2}}$

Anstatt des Längenunterschiedes w in dem letzten Factor der Gleichung kann man auch die kürzeste Linie, die gleich der Länge des verticalen Schnittes ist, einführen.

Nach dem vorigen §. haben wir in der durch den Schnitt gebildeten Pyramidenspitze $\sin\omega : \sin e' = \sin\frac{s}{n'} : \cos(\varphi - y)$, also $\sin\omega = \frac{\sin e' \sin\frac{s}{n'}}{\cos(\varphi - y)}$. Für den $\angle PqM$ in Fig. 5 ist hier $\frac{s}{n'}$ gesetzt oder in Secunden $PqM = \frac{s}{n' \sin 1''}$; es ist also $n' = \frac{s}{(PqM)\sin 1''}$ und $\angle PqM$ in Secunden zu nehmen. Hieraus folgt

$$\frac{\sin a' \sin e}{\sin \omega \sqrt{1 - eer'^2}} = \frac{\sin a' \cos(\varphi - y)}{\sin\frac{s}{n'} \sqrt{1 - eer'^2}}.$$

Bei der Berechnung wird man zuerst e' für a' setzen und dann verbessern.

Mit Hülfe des sphärischen Dreiecks findet man die Differenz dieser Winkel auf folgende Weise:

Setzt man in Gleichung 57.

$$x = \frac{ee \sin m}{\sqrt{1 - \frac{3ee}{4}}} \{a'\sigma + \beta' \sin\sigma \cos(2M + \sigma) + \cdots\},$$

so ist

$$\varpi = \omega - x,$$
$$\sin\varpi = \sin\omega \cos x - \cos\omega \sin x = \sin\omega\left(1 - \frac{x^2}{2}\right) - \cos\omega \cdot x,$$
$$\cos\varpi = \cos\omega \cos x + \sin\omega \sin x = \cos\omega\left(1 - \frac{x^2}{2}\right) + \sin\omega \cdot x.$$

Da x von der Ordnung e^2, so ist x^2 von der Ordnung e^4 und der Ausdruck bis zu e^4 genau.

Diese Werthe von $\sin\varpi$ und $\cos\varpi$ in die Gleichung 77. gesetzt, geben

$$\cot g\, e' = \frac{\cos u' \sin u - \sin u' \cos u \left[\cos\omega\left(1 - \frac{x^2}{2}\right) + \sin\omega \cdot x\right] + ee \cos u'(\sin u - \sin u)}{\cos u \left[\sin\omega\left(1 - \frac{x^2}{2}\right) - \cos\omega \cdot x\right]\sqrt{1 - ee\cos^2 u'}}.$$

Schreibt man den Nenner $= \cos u \sin\omega \left(1 - \frac{x^2}{2} - \cot g\,\omega \cdot x\right) \sqrt{1 - ee\cos^2 u'}$, nimmt Parenthese und Wurzelgrösse mit entgegengesetzten Exponenten in den Zähler, entwickelt sie in Reihen und bildet das Product dieser Reihen bis inclusive e^4, so findet man

$$\left(1 - \frac{x^2}{2} - \cot g\,\omega \cdot x\right)^{-1}(1 - ee\cos^2 u')^{-\frac{1}{2}} = 1 + (\tfrac{1}{2} ee\cos^2 u' + \cot g\,\omega \cdot x)$$
$$+ \frac{1 \cdot 1}{2 \cdot 4}(ee)^2 \cos^4 u' + \tfrac{1}{2} ee\cos^2 u' \cot g\,\omega \cdot x + (\tfrac{1}{2} + \cot g^2\,\omega)x^2.$$

Setzt man um abzukürzen

$$R = \tfrac{1}{2}ee\cos^2 u' + \cotg\omega \cdot x,$$
$$P = \frac{1.1}{2.4}(ee)^2\cos^4 u' + \tfrac{1}{2}ee\cos^2 u' \cotg\omega \cdot x + (\tfrac{1}{2} + \cotg^2\omega)x^2$$

und führt die Multiplication aus, so wird

$$\cotg\varrho' = \frac{\cos u' \sin u - \sin u' \cos u \cos\omega}{\cos u \sin\omega} + \frac{\sin u' \cos u \cos\omega \cdot \frac{x^2}{2} - \sin u' \cos u \cos\omega \cdot x}{\cos u \sin\omega}$$
$$+ \frac{ee\cos u'(\sin u' - \sin u)}{\cos u \sin\omega} + R\left[\frac{\sin u' \sin u - \sin u' \cos u \cos\omega}{\cos u \sin\omega}\right]$$
$$+ R\left[\frac{\tfrac{1}{2}\sin u' \cos u \cos\omega \cdot x^2 - \sin u' \cos u \sin\omega \cdot x}{\cos u \sin\omega}\right] - R\frac{ee\cos u'(\sin u' - \sin u)}{\cos u \sin\omega}$$
$$+ P\left[\frac{\cos u' \sin u - \sin u' \cos u \cos\omega}{\cos u \sin\omega}\right].$$

Die übrigen Glieder fallen weg, weil sie von der Ordnung e^2 und P von der Ordnung e^4, ihr Product also von der Ordnung e^6 sind. In den Producten mit R fällt aus demselben Grunde auch der mit x^2 behaftete Theil fort.

In dem sphärischen Dreieck Fig. 8 hat man nun aus den beiden Seiten $90°-u'$, $90°-u$ und dem eingeschlossenen Winkel ω

$$\cotg a' = \frac{\cos u' \sin u - \sin u' \cos u \cos\omega}{\cos u \sin\omega}.$$

Diesen Werth eingeführt giebt, wenn nach den Potenzen von e geordnet wird

$$\cotg a' - \cotg\varrho' = \sin u' \cdot x \div ee\cos u'\left(\frac{\tg u}{\sin\omega} - \frac{\sin u'}{\cos u \sin\omega}\right) - R\cotg a' + R\sin u' \cdot x$$
$$+ R\,ee\cos u'\left(\frac{\tg u}{\sin\omega} - \frac{\sin u'}{\cos u \sin\omega}\right) - \tfrac{1}{2}\sin u' \cotg\omega \cdot x^2 - P\cotg a'.$$

Da $\cotg a' - \cotg\varrho' = \frac{\sin(\varrho'-a')}{\sin\varrho'\sin a'}$, so erhält man, wenn noch

$$Q = ee\cos u'\left(\frac{\tg u}{\sin\omega} - \frac{\sin u'}{\cos u \sin\omega}\right)$$

gesetzt wird

80. $\sin(\varrho'-a') = \sin\varrho'[\sin a'\sin u' \cdot x + Q - R[\cotg a' - \sin u' \cdot x - Q] - P\cotg a' - \tfrac{1}{2}\sin u' \cotg\omega \cdot x^2]$.

Bei der Rechnung nimmt man zuerst $\sin\varrho = \sin a'$ als erste Näherung und verbessert nachher, wenn es nöthig sein sollte.

Hier ist der Unterschied der beiden Winkel durch die beiden Polhöhen, den sphärischen Längenunterschied und das Azimuth der geodätischen Linie ausgedrückt; soll derselbe aber durch σ, a' und $90°-u'$ bestimmt werden, so dienen dazu die bekannten Relationen der sphärischen Trigonometrie

$$\cos u \sin \omega = \sin \alpha' \sin \sigma,$$
$$\cos u \cos \omega = \cos u' \cos \sigma - \sin u' \sin \sigma \cos \alpha',$$
$$\sin u = \sin u' \cos \sigma + \cos u' \sin \sigma \cos \alpha'.$$

Die Ausdrücke, die umgeformt werden müssen, sind $\cotg \omega$, $\frac{\tg u}{\sin \omega}$ und $\cos u \sin \omega$. Den ersten finden wir, wenn die zweite Gleichung durch die erste dividirt wird; den zweiten, wenn man die dritte Gleichung durch die erste dividirt. Man hat demnach

$$\cotg \omega = \frac{\cos u' \cos \sigma - \sin u' \sin \sigma \cos \alpha'}{\sin \alpha' \sin \sigma},$$

$$\frac{\tg u}{\sin \omega} = \frac{\sin u' \cos \sigma + \cos u' \sin \sigma \cos \alpha'}{\sin \alpha' \sin \sigma},$$

$$\cos u \sin \omega = \sin \alpha' \sin \sigma.$$

Diese Werthe in die Ausdrücke von R, P, Q u. s. w. gesetzt, geben den Unterschied der Winkel $(e - \alpha')$ durch die erwähnten Grössen dargestellt.

Wenn die vierte Potenz der Excentricität vernachlässigt wird, so tritt eine wesentliche Vereinfachung ein. Man erhält alsdann

$$\cotg \alpha' - \cotg e' = \sin u' \cdot x + Q - R \cotg \alpha'.$$

Nun ist $e' = \alpha' + (e' - \alpha')$, daher

$$\cotg e' = \frac{1 - \tg \alpha' \tg(e' - \alpha')}{\tg \alpha' + \tg(e' - \alpha')} = \frac{1 - \tg \alpha' (e' - \alpha')}{\tg \alpha' + (e' - \alpha')},$$

weil wegen Kleinheit des Winkels $(e' - \alpha')$ die Tangente mit dem Bogen vertauscht werden kann. Führt man die Division aus, so wird

$$\frac{1 - \tg \alpha' (e' - \alpha')}{\tg \alpha' + (e' - \alpha')} = \cotg \alpha' - \frac{\tg \alpha' + \cotg \alpha'}{\tg \alpha'} (e' - \alpha') + \frac{\tg \alpha' + \cotg \alpha'}{\tg \alpha'} (e' - \alpha')^2 \cdots$$

Da aber $(e' - \alpha')$, wie aus der oben gefundenen Gleichung hervorgeht, von der Ordnung e^2 ist, so wird $(e' - \alpha')^2$ von der Ordnung e^4 sein, und kann daher hier vernachlässigt werden. Wir haben daher

$$\cotg e' = \cotg \alpha' - \frac{\tg \alpha' + \cotg \alpha'}{\tg \alpha'} (e' - \alpha').$$

Es ist aber

$$\frac{\tg \alpha' + \cotg \alpha'}{\tg \alpha'} = 1 + \cotg^2 \alpha' = \frac{1}{\sin^2 \alpha'}; \quad \text{und daher}$$

$$\cotg \alpha' - \cotg e' = \frac{(e' - \alpha')}{\sin^2 \alpha'}.$$

Diesen Werth eingeführt giebt
$$v' - a' = \sin^2 a' [\sin u'. x + Q - R \cot a'].$$
Wenn wir mit dem Quadrat der Excentricität abschliessen, so wird nach Gleichung 54.
$$x = \tfrac{1}{2} ee. \sigma \cos u' \sin a', \quad \text{ferner wird}$$
$$Q = ee \cos u' \left[\frac{\sin u' \cos \sigma + \cos u' \sin \sigma \cos a'}{\sin a' \sin \sigma} - \frac{\sin u'}{\sin a' \sin \sigma} \right],$$
$$R = \tfrac{1}{2} ee \cos^2 u' + \left(\frac{\cos u' \cos \sigma - \sin u' \sin \sigma \cos a'}{\sin a' \sin \sigma} \right) \tfrac{1}{2} ee \sigma \cos u' \sin a'$$

und die Grössen in der Klammer, wenn wir $\tfrac{1}{2} ee \cos u'$ herausnehmen

$$\tfrac{1}{2} ee \cos u' \Big\{ \sin u' \sin a'. \sigma + \frac{2 \sin u' \cos \sigma}{\sin a' \sin \sigma} + \frac{2 \cos u' \cos a'}{\sin a'} - \frac{2 \sin u'}{\sin a' \sin \sigma} - \frac{\cos u' \cos a'}{\sin a'}$$
$$- \frac{\cos u' \cos \sigma \cos a'. \sigma}{\sin a' \sin \sigma} + \frac{\sin u' \cos^2 a'. \sigma}{\sin a'} \Big\},$$

$$\frac{2 \sin u'}{\sin a'} \left(\frac{\cos \sigma}{\sin \sigma} - \frac{1}{\sin \sigma} \right) = - \frac{2 \sin u'}{\sin a'} \left(\frac{1 - \cos \sigma}{\sin \sigma} \right) = - \frac{\sin u'}{\sin a'} 2 \operatorname{tg} \tfrac{1}{2} \sigma,$$

$$\frac{\cos u' \cos a'}{\sin a'} \left(1 - \frac{\cos \sigma. \sigma}{\sin \sigma} \right) = \frac{\cos u' \cos a'}{\sin a'} \left(1 - \frac{\sigma}{\operatorname{tg} \sigma} \right),$$

$$\sin u' \sin a'. \sigma + \frac{\sin u' (1 - \sin^2 a'). \sigma}{\sin a'} = \frac{\sin u'. \sigma}{\sin a'}, \quad \text{folglich}$$

$$v' - a' = \frac{ee \cos u' \sin a'}{2} \Big\{ \cos u' \cos a' \left(1 - \frac{\sigma}{\operatorname{tg} \sigma} \right) - \sin u' (2 \operatorname{tg} \tfrac{1}{2} \sigma - \sigma) \Big\}.$$

Dies ist dieselbe Gleichung, die Bessel schon in No. 3 der Astron. Nachrichten mitgetheilt hat.

Da $\dfrac{1}{\operatorname{tg} \sigma} = \dfrac{1}{\sigma} - \dfrac{\sigma}{3} - \dfrac{\sigma^3}{45}$, so ist

$$1 - \frac{\sigma}{\operatorname{tg} \sigma} = \frac{\sigma^2}{3} + \frac{\sigma^4}{45},$$

ferner ist $\operatorname{tg} \tfrac{1}{2} \sigma = \tfrac{1}{2} \sigma + \dfrac{\sigma^3}{24}$, daher

$$2 \operatorname{tg} \tfrac{1}{2} \sigma - \sigma = \frac{\sigma^3}{12}.$$

Die Einführung dieser Werthe giebt

$$v' - a' = \frac{ee \cos^2 u' \sin a' \cos a'. \sigma^2}{6} - \frac{ee \cos u' \sin u' \sin a'. \sigma^3}{24} - \frac{ee \cos^2 u' \sin a' \cos a'. \sigma^4}{90} \ldots$$

Da σ in Graden für den Radius 1 gegeben ist, so kann man für den Aequatorhalbmesser $= a$ hier $\sigma = \dfrac{s}{a}$ setzen. Wir erhalten alsdann

$$61. \quad v' - a' = \frac{ee \cos^2 u' \sin a' \cos a'}{6} \cdot \frac{s^2}{a^2} - \frac{ee \cos u' \sin u' \sin a'}{24} \cdot \frac{s^3}{a^3} + \ldots$$

Wenn das Azimuth über 180° beträgt, dann ist $(360-\epsilon')-(360^\circ-\alpha') = \alpha'-\epsilon'$ zu setzen. Nehmen wir $\alpha' = 45''$ und $\alpha' = 45^\circ$, so ist $\cos^2\alpha'\sin\alpha'\cos\alpha' = \frac{1}{4}$.

Die Dreiecksseiten übersteigen selten die Länge von 1"; wir wollen daher $s = 60000^T$ annehmen, und nun berechnen, wie gross der Unterschied der Winkel in diesem Falle sein wird.

$\log ee = 7{,}8244104 - 10$	$\log ee = 7{,}8244104 - 10$
Cpl 24 = 8,6197888 - 10	lg 2 = 0,1305150
Cpl $a' = 6,9703529 - 20$	Cpl 96 = 8,0177288 - 10
lg $s^3 = 9,5563026$	Cpl $a' = 0,4555294 - 20$
Cpl sin 1" = 5,3144251	lg $s^3 = 14,3344539$
8,2852798 - 10	Cpl sin 1" = 5,3144251
	6,0970626 - 10

$$+ 0'',0193$$
$$- 0'',0001$$
$$\epsilon' - \alpha' = +0'',0192.$$

Hieraus geht hervor, dass bei einer Entfernung von 60000' oder 15¼ Meilen durchschnittlich das Azimuth des verticalen Schnittes von dem der geodätischen Linie noch nicht um 0",02 abweicht. Da nun die mittlere Länge der Seiten einer Dreieckskette beträchtlich kleiner ist, so kann man diesen Unterschied vernachlässigen, und unter der gemachten Voraussetzung die Winkel der verticalen Schnitte gleich den Winkeln der geodätischen Linien ansehen. Wenn in Gleichung 81. ϵ' gegeben ist und α' gesucht wird, so kann man auf der rechten Seite des Gleichheitszeichens, anstatt α', ϵ' setzen, und den auf diese Weise für α' gefundenen Werth von neuem einführen, was aber, wie leicht einzusehen, erst bei sehr grossen Entfernungen einen bemerkbaren Unterschied geben kann.

Aus Gleichung 81. geht hervor, dass die unter dem Azimuth α' gezogene kürzeste Linie den unter dem Azimuth ϵ gelegten verticalen Schnitt in der Entfernung s schneidet; jedem anderen Werth von s gehört auch ein anderer Werth von α zu; die kürzeste Linie unter dem Azimuth α kann daher den Schnitt weder in einer grösseren noch in einer kleineren Entfernung zum zweiten Mal treffen. Hieraus folgt, dass eine zwischen zwei gegebenen Punkten gezogene kürzeste Linie, um die ganze Erde herum verlängert, nicht in den Anfangspunkt zurückkehren kann.

Dritter Abschnitt.
Die Triangulation und die Berechnung der Coordinaten.

§. 18. Die Reduction der Winkel auf den Horizont.

In (Fig. 11) sei Z das Zenith, HR der Horizont, $AB = D$ der gemessene Winkel, $AR = h$ und $BH = h'$ die Höhenwinkel der Objecte A und B, also ihre Zenithdistancen $90°-h$ und $90°-h'$.

In dem sphärischen Dreieck ZAB ist der Winkel am Zenith gleich dem Bogen HR des Horizontes $=$ dem auf den Horizont reducirten Winkel D; nennen wir denselben A, und die Reduction x, so ist $A = D + x$.

Nun haben wir in dem sphärischen Dreieck, Zenith AB

$$\cos A = \frac{\cos D - \sin h \sin h'}{\cos h \cos h'}$$

und könnten daraus den $\angle A$ direct bestimmen; allein das wäre nicht zweckmässig, es ist vorzuziehen, die Verbesserung x aufzusuchen, besonders da h und h' nur kleine Winkel sein können, weil A und B irdische Objecte sind.

Setzen wir $h + h' = s$, $h - h' = \hat{v}$, so ist $h = \frac{s+\hat{v}}{2}$, $h' = \frac{s-\hat{v}}{2}$, und wir erhalten

$$\sin h \sin h' = \tfrac{1}{2}\{\cos(h-h') - \cos(h+h')\} = \tfrac{1}{2}\{\cos\hat{v} - \cos s\},$$
$$\cos h \cos h' = \tfrac{1}{2}\{\cos(h-h') + \cos(h+h')\} = \tfrac{1}{2}\{\cos\hat{v} + \cos s\},$$

daher

$$\cos A = \cos(D+x) = \frac{\cos D - \tfrac{1}{2}(\cos\hat{v} - \cos s)}{\tfrac{1}{2}(\cos\hat{v} + \cos s)} = \frac{2\cos D - \cos\hat{v} + \cos s}{\cos\hat{v} + \cos s}, \text{ und}$$

$$\cos(D+x) - \cos D = \frac{2\cos D - \cos\hat{v} + \cos s - \cos\hat{v}\cos D - \cos s \cos D}{\cos\hat{v} + \cos s}$$

$$= \frac{(1+\cos D)(1-\cos\hat{v})-(1-\cos D)(1-\cos s)}{\cos\hat{v} + \cos s},$$

da nun

$$1 + \cos D = 2\cos^2\tfrac{1}{2}D; \quad 1 - \cos\hat{v} = 2\sin^2\tfrac{1}{2}\hat{v}$$
$$1 - \cos D = 2\sin^2\tfrac{1}{2}D; \quad 1 - \cos s = 2\sin^2\tfrac{1}{2}s$$

und
$$\cos(D+x) - \cos D = -2\sin(D+\tfrac{1}{2}x)\sin\tfrac{1}{2}x, \quad \text{weil}$$
$$\cos\beta - \cos\alpha = 2\sin\left(\tfrac{\alpha+\beta}{2}\right)\sin\left(\tfrac{\alpha-\beta}{2}\right), \quad \text{so ist}$$
$$\sin\tfrac{1}{2}x \sin(D+\tfrac{1}{2}x) = \frac{2\{\sin^2\tfrac{1}{2}D \sin^2\tfrac{1}{2}s - \cos^2\tfrac{1}{2}D \sin^2\tfrac{1}{2}\vartheta\}}{\cos\vartheta + \cos s}.$$

Da nun ϑ, s und x nur kleine Winkel sind, so kann man den Bogen mit dem Sinus vertauschen, so dass man hat
$$\sin\tfrac{1}{2}x = \tfrac{1}{2}x,$$
$$\sin(D+\tfrac{1}{2}x) = \sin D,$$
$$\sin^2\tfrac{1}{2}s = \tfrac{1}{4}s^2,$$
$$\sin^2\tfrac{1}{2}\vartheta = \tfrac{1}{4}\vartheta^2.$$
$$\cos\vartheta + \cos s = 2.$$

Diese Werthe eingeführt giebt
$$\tfrac{1}{2}x \sin D = \tfrac{1}{4}\{s^2\sin^2\tfrac{1}{2}D - \vartheta^2\cos^2\tfrac{1}{2}D\}, \quad \text{daher}$$
$$x = \tfrac{1}{2}\left\{\frac{s^2\sin^2\tfrac{1}{2}D - \vartheta^2\cos^2\tfrac{1}{2}D}{\sin D}\right\},$$

nun ist
$$\sin D = 2\sin\tfrac{1}{2}D\cos\tfrac{1}{2}D, \quad \text{folglich}$$
$$x = \tfrac{1}{4}\{s^2\operatorname{tg}\tfrac{1}{2}D - \vartheta^2\operatorname{cotg}\tfrac{1}{2}D\}.$$

und wenn man für s und ϑ ihre Werthe setzt
$$x = \tfrac{1}{4}\{(h+h')^2\operatorname{tg}\tfrac{1}{2}D - (h-h')^2\operatorname{cotg}\tfrac{1}{2}D\}.$$

Nimmt man alles in Secunden, so ist $x = x\sin 1''$, $h+h' = (h+h')\sin 1''$, $h-h' = (h-h')\sin 1''$, daher
$$x'' = \frac{\sin 1''}{4}\{(h+h')^2\operatorname{tg}\tfrac{1}{2}D - (h-h')^2\operatorname{cotg}\tfrac{1}{2}D\}.$$

Nehmen wir $h = 60''$, $h' = 20$, $D = 60°$ an, so ist

$\log\operatorname{tg}\tfrac{1}{2}D = 9{,}76144 - 10$	$\log\operatorname{cotg}\tfrac{1}{2}D = 0{,}23856$
$2\log 80 = 3{,}80618$	$2\log 40 = 3{,}20412$
$\lg\frac{\sin 1''}{4} = 4{,}08351 - 10$	$\lg\frac{\sin 1''}{4} = 4{,}08351 - 10$
$7{,}65113 - 10$	$7{,}52619 - 10$

$$+ 0'',0045$$
$$- 0'',0034$$
$$x = + 0'',0011.$$

Wäre h' auch $= 60''$, dann hätten wir $x = 0'',0045$ gefunden. Daraus folgt, wenn wir einen Winkel in einer Ebene messen, die gegen den Horizont um eine Minute geneigt ist, so erreicht die Reduction auf den Horizont noch nicht ein halbes Hundertel von einer Secunde.

§. 19. Der Legendresche Satz mit einer Erweiterung nach Bessel.

Es soll ein sphärisches Dreieck, dessen Seiten mit a, b, c, die gegenüberliegenden Winkel mit A, B, C bezeichnet werden, mit einem ebenen Dreieck verglichen werden, dessen Seiten dieselbe Länge haben wie die sphärischen Bögen, dessen Winkel aber A', B', C' sind. Bedeutet r den Halbmesser der Kugel, so hat man

1. im sphärischen Dreieck: 2. im ebenen Dreieck:

$$\cos A = \frac{\cos\frac{a}{r} - \cos\frac{b}{r}\cos\frac{c}{r}}{\sin\frac{b}{r}\sin\frac{c}{r}}; \qquad \cos A' = \frac{b^2 + c^2 - a^2}{2bc}$$

$$1 + \cos A = \frac{\cos\frac{a}{r} - \cos\left(\frac{b+c}{r}\right)}{\sin\frac{b}{r}\sin\frac{c}{r}}; \qquad 1 + \cos A' = \frac{(b+c)^2 - a^2}{2bc}$$

$$1 - \cos A = \frac{\cos\left(\frac{b-c}{r}\right) - \cos\frac{a}{r}}{\sin\frac{b}{r}\sin\frac{c}{r}}; \qquad 1 - \cos A' = \frac{a^2 - (b-c)^2}{2bc}.$$

Nun ist
$$\frac{1+\cos A}{1+\cos A'} - \left(\frac{1-\cos A}{1-\cos A'}\right) = \frac{2(\cos A - \cos A')}{\sin^2 A'}$$

und wenn man für $1 \pm \cos A$ und für $1 \pm \cos A'$ ihre Werthe setzt, so findet man

$$\frac{2(\cos A - \cos A')}{\sin^2 A'} = \frac{2bc}{\sin\frac{b}{r}\sin\frac{c}{r}} \left\{ \frac{\cos\frac{a}{r} - \cos\frac{b+c}{r}}{(b+c)^2 - a^2} - \frac{\cos\frac{b-c}{r} - \cos\frac{a}{r}}{a^2 - (b-c)^2} \right\}.$$

Setzt man, um abzukürzen, $s = b + c$ und entwickelt die Cosinus in der Klammer nach der Formel $\cos x = 1 - \tfrac{1}{2}x^2 + \tfrac{1}{24}x^4$, mit Weglassung der Glieder, welche die vierte Potenz übersteigen, so erhält man das erste Glied in der Klammer

$$\frac{\cos\frac{a}{r} - \cos\frac{s}{r}}{s^2 - a^2} = \frac{\tfrac{1}{2}\left(\frac{s^2-a^2}{r^2}\right) - \tfrac{1}{24}\left(\frac{s^4-a^4}{r^4}\right)}{s^2 - a^2}$$

$$= \frac{1}{2r^2} - \tfrac{1}{24}\left(\frac{s^2+a^2}{r^4}\right) + \tfrac{1}{720}\left(\frac{s^4 + s^2 a^2 + a^4}{r^6}\right).$$

Wendet man dasselbe Verfahren auf das zweite Glied in der Klammer an, indem man unter s den Werth $b-c$ versteht, so findet man die Grösse in der Klammer

$$= \frac{1}{2r^2} - \tfrac{1}{2}\tfrac{a^2+(b+c)^2}{r^2} + \tfrac{1}{120}\tfrac{a^4+a^2(b+c)^2+(b+c)^4}{r^4} - \frac{1}{2r^2} + \tfrac{1}{2}\tfrac{a^2+(b-c)^2}{r^2}$$
$$- \tfrac{1}{120}\tfrac{a^4+a^2(b-c)^2+(b-c)^4}{r^4}$$
$$= -\frac{1}{6}\frac{bc}{r^2} + \frac{1}{720 r^4}\{4a^2bc + 8bc(b^2+c^2)\} = -\frac{bc}{6r^2} + \frac{bc}{180 r^4}(a^2+2b^2+2c^2).$$

Ferner ist $\sin x = x - \frac{x^3}{6}$, mit Weglassung der die vierte Potenz übersteigenden Glieder. Wir erhalten daher

$$\frac{\frac{2bc}{r}}{\sin\frac{b}{r}\sin\frac{c}{r}} = \frac{\frac{2bc}{r^2}}{\frac{bc}{r^2} - \frac{b^3c}{6r^4} - \frac{bc^3}{6r^4}} = -\frac{\frac{2r^2}{1 - \frac{(b^2+c^2)}{r^2}}}{} = 2r^2\left(1+\tfrac{1}{6}\left(\tfrac{b^2+c^2}{r^2}\right)\right)$$

und nun

$$\frac{\cos A - \cos A'}{\sin^2 A'} = bc\left\{-\frac{1}{6r^2} + \frac{1}{180 r^4}(a^2+2b^2+2c^2)\right\}\left\{1+\tfrac{1}{6}\left(\tfrac{b^2+c^2}{r^2}\right)\right\}$$

$$= bc\left\{-\frac{1}{6r^2} + \frac{1}{180 r^4}(a^2-3b^2-3c^2)\right\}.$$

Setzt man $bc.\sin A' = 2F =$ der doppelten Fläche des ebenen Dreiecks, so erhält man

$$\frac{\cos A - \cos A'}{\sin A'} = \frac{F}{r^2}\left\{-1 + \frac{1}{90 r^2}(a^2-3b^2-3c^2)\right\}.$$

Wird $A' + x = A$ gesetzt, so ist $\cos A = \cos A' \cos x - \sin A' \sin x$ und

$$\frac{\cos A - \cos A'}{\sin A'} = \frac{-\cos A'(1-\cos x) - \sin A' \sin x}{\sin A'} = -x - \cotg A'\frac{x^2}{2}.$$

Vergleichen wir diesen Werth mit dem vorigen, so folgt

$$x + \cotg A'\frac{x^2}{2} = \frac{F}{3r^2} - \frac{F}{90 r^4}(a^2-3b^2-3c^2) = M, \quad \text{also}$$

$$x^2 + \frac{2x}{\cotg A'} = \frac{2M}{\cotg A'} \quad \text{oder} \quad x = \frac{-1 \pm \sqrt{1 + 2\cotg A'.M}}{\cotg A'},$$

und wenn die Wurzelgrösse nach dem oberen Zeichen entwickelt wird

$$x = M - \tfrac{1}{2}M^2.\cotg A'.$$

Setzt man für M seinen Werth und berücksichtigt, dass in M^2 das zweite Glied ganz wegfällt, weil es die vierte Potenz übersteigt, wodurch man hat $M^2 = \frac{F^2}{9r^4}$, so findet man

$$x = \frac{F}{3r^2} - \frac{F}{90 r^4}(a^2-3b^2-3c^2) - \frac{F^2.\cotg A'}{18 r^4}.$$

Nun ist in dem ebenen Dreieck $2bc \cos A' = b^2 + c^2 - a^2$ und $2bc \sin A' = 4F$, daher durch Division $F\cot A' = \frac{b^2+c^2-a^2}{4}$, folglich

$$\frac{F^2\cot A'}{18 r^4} = \frac{F(b^2+c^2-a^2)}{72 r^4}.$$

Wird dieser Werth eingesetzt, so ist

$$x = \frac{F}{3r^2} + \frac{F}{360 r^4}(a^2+7b^2+7c^2).$$

Da $x = A - A'$, gleich dem Unterschied des ebenen und sphärischen Winkels ist, so findet man für $B-B'$ und für $C-C'$ ganz ähnliche Ausdrücke, so dass man hat

$$A - A' = \frac{F}{3r^2} + \frac{F}{360 r^4}(a^2+7b^2+7c^2)$$

$$B - B' = \frac{F}{3r^2} + \frac{F}{360 r^4}(b^2+7a^2+7c^2)$$

$$C - C' = \frac{F}{3r^2} + \frac{F}{360 r^4}(c^2+7a^2+7b^2)$$

die Summe $\varepsilon = \frac{F}{r^2} + \frac{F}{24 r^4}(a^2+b^2+c^2).$

wo ε der sphärische Excess. Hieraus folgt

$$F = \frac{\varepsilon \cdot r^2}{1 + \frac{1}{24 r^2}(a^2+b^2+c^2)} = \varepsilon \cdot r^2 \left\{ 1 - \frac{1}{24 r^2}(a^2+b^2+c^2) \right\}.$$

Setzen wir diesen Werth von F in $A - A'$, so finden wir

$$A - A' = \frac{\varepsilon}{3}\left\{ 1 - \frac{1}{24 r^2}(a^2+b^2+c^2) + \frac{1}{120 r^2}\left[1 - \frac{1}{24 r^2}(a^2+b^2+c^2)\right](a^2+7b^2+7c^2)\right\}$$

$$= \frac{\varepsilon}{3}\left[1 - \frac{1}{24 r^2}(a^2+b^2+c^2)\right]\left[1 + \frac{1}{120 r^2}(a^2+7b^2+7c^2)\right]$$

$$= \frac{\varepsilon}{3}\left\{ 1 - \frac{1}{24 r^2}(a^2+b^2+c^2) + \frac{1}{120 r^2}(a^2+7b^2+7c^2)\right\},$$

weil das Product, in dem $\frac{1}{r^4}$ vorkommt, wegfällt, indem ε schon von der Ordnung $\frac{1}{r^2}$ ist. Setzen wir die Reduction fort, so erhalten wir endlich

$$A - A' = \frac{\varepsilon}{3}\left\{ 1 + \frac{1}{60 r^2}(b^2+c^2-a^2)\right\}.$$

Man kann auch ε und $A-A'$ durch die Winkel des Dreiecks ausdrücken. Wir hatten oben $F\cot A' = \frac{b^2+c^2-a^2}{4}$ und finden dem analog

$$4F \cot A' = b^2 + c^2 - a^2$$
$$4F \cot B' = -b^2 + c^2 + a^2$$
$$4F \cot C' = b^2 - c^2 + a^2$$
$$4F [\cot A' + \cot B' + \cot C'] = a^2 + b^2 + c^2 \quad \text{und}$$
$$4F \cot A' - 2F \cot B' - 2F \cot C' = b^2 + c^2 - 2a^2, \quad \text{folglich}$$
$$\varepsilon = \frac{F}{r^2} + \frac{1}{4}\left(\frac{F}{r^2}\right)^2 [\cot A' + \cot B' + \cot C'] \quad \text{und}$$
$$A - A' = \frac{\varepsilon}{3}\left\{1 + \frac{F}{30 r^2}[2\cot A' - \cot B' - \cot C']\right\}$$

oder mit der gesuchten Annäherung

$$A' = A - \frac{\varepsilon}{3} - \frac{\varepsilon^2}{90}[2\cot A' - \cot B' - \cot C'].$$

Das mit ε^2 behaftete Glied ist der Besselsche Zusatz. Wir wollen sein Maximum untersuchen. Setzt man in diesem Gliede für ε, $\frac{F}{2r^2} = \frac{bc \sin A'}{2r^2}$, so geht dasselbe über in

$$-\tfrac{1}{180} \frac{b^2 c^2 \sin^2 A'}{r^4} [2\cot A' - \cot B' - \cot C'].$$

Es ist aber nach dem Obigen

$$\cot B' + \cot C' = \frac{a^2}{2F} = \frac{a^2}{bc \sin A'} = \frac{b^2 + c^2 - 2bc \cos A'}{bc \sin A'}.$$

Diesen Werth in den vorigen Ausdruck gesetzt, giebt

$$-\tfrac{1}{180} \frac{b^2 c^2 \sin^2 A'}{r^4}\left\{4\cos A' - \left(\frac{b^2 + c^2}{bc}\right)\right\} = -\tfrac{1}{180} \frac{b^2 c^2}{r^4}\left\{2\sin 2A' - \left(\frac{b^2 + c^2}{bc}\right)\sin A'\right\}.$$

Nehmen wir jetzt $ab = c$, so ist a das Verhältniss dieser beiden Seiten des Dreiecks und der Ausdruck geht über in

$$-\tfrac{1}{180} \frac{b^4 a^2}{r^4}\left\{2\sin 2A' - \left(\frac{1+a^2}{a}\right)\sin A'\right\} = -\tfrac{1}{180} \frac{b^4}{r^4}\left\{2a^2 \sin 2A' - a^2\left(\frac{1+a^2}{a}\right)\sin A'\right\}.$$

Dieser Ausdruck verschwindet 1) für $A' = 0$, 2) für $A' = 180°$ und 3) für $\cos A' = \frac{1+a^2}{4a}$; denn es ist $4a^2 \cos A' \sin A' = 2a^2 \sin 2A'$; er hat also zwei Maxima, und da er eine Function der unabhängigen Veränderlichen a und A' ist, so erhält man durch Differentiation in Beziehung auf jede derselben

$$0 = 4a \sin 2A' - (1+3a^2)\sin A'$$
$$0 = 4a \cos 2A' - (1+a^2)\cos A'.$$

Multiplicirt man diese Gleichungen, die erste mit $-\cos 2A'$, die zweite mit $+\sin 2A'$, so erhält man durch Addition

$$0 = (1+3\alpha^2)\sin A'\cos 2A' - (1+\alpha^2)\cos A'\sin 2A'.$$

Nun ist $\cos 2A' = 2\cos^2 A' - 1$; $\sin 2A' = 2\sin A'\cos A'$, daher

$$0 = 4\alpha^2\cos^2 A' - (1+3\alpha^2) \quad\text{oder}\quad \cos A' = \pm\frac{\sqrt{1+3\alpha^2}}{2\alpha};$$

diese beiden Werthe geben die gesuchten Maxima.

Schreiben wir die zweite Gleichung $0 = 4\alpha(2\cos^2 A' - 1) - (1+\alpha^2)\cos A'$ und setzen den für $\cos A'$ gefundenen Werth ein, so erhalten wir

$$0 = \frac{1+\alpha\alpha}{2\alpha}\{4\mp\sqrt{1+3\alpha^2}\}.$$

Hieraus folgt $\alpha^2 = 5$, also $\alpha = \sqrt{5}$ und das Maximum tritt ein, wenn $b:c = 1:\sqrt{5}$.

Für den gefundenen Werth von α ist $\cos A' = \pm\frac{2}{\sqrt{5}}$, $\sin A' = \frac{1}{\sqrt{5}}$; das untersuchte Glied hat daher die Maxima

$$-\frac{b^4}{360r^4}\{\pm 8 - 6\} = -\frac{b^4}{180r^4} \quad\text{und}\quad \frac{7b^4}{180r^4}.$$

Jetzt können wir untersuchen, wie gross die kleinere dem $\angle A'$ anliegende Seite des Dreiecks werden muss, wenn die aus dem Zusatz zu dem Legendre'schen Satz hervorgehende Correction des Winkels 0".01 betragen soll. Wir haben nämlich

$$0",01\sin 1'' = \frac{7b^4}{180r^4} \quad\text{oder}\quad b = r\sqrt[4]{\frac{1,80\sin 1''}{7}}.$$

$$\begin{aligned}
\log 1,80 &= 0,25527\\
Cpl 7 &= 9,15490 - 10\\
\lg\sin 1'' &= 4,68557 - 10\\
\hline
&4,09574 - 10\\
\tfrac{1}{4} &= 8,52394 - 10\\
\log r &= 6,51482\\
\hline
\log b &= 5,03876 \quad\text{oder}\quad b = 109340 \text{ Toisen.}
\end{aligned}$$

Wenn also in einem Dreieck die kleinste Seite diese Grösse nicht überschreitet, so kann man das erste Glied des Legendre'schen Satzes allein anwenden, ohne einen Fehler von 0".01 zu begehen.

§ 20. Die Messung der horizontalen Winkel.

Wir können zwar in jedem Standpunkt auf der Erde Winkel in jeder beliebigen Ebene messen, allein wenn wir dieselben mit den Entfernungen in Relation bringen wollen, so sind wir an die Bedingungen gebunden, welche die Trigonometrie vorschreibt. Wollen wir ebene Trigonometrie anwenden, so müssen wir die Winkel in der Ebene der Dreiecke, wollen wir sphärische Trigonometrie anwenden, in den Tangentialebenen der Winkelpunkte messen. Die sphärischen Winkel sind zugleich die Kantenwinkel der centralen Schnitte, welche durch die Seiten des Dreiecks gelegt werden.

Wenn wir wüssten, dass die Erde, bei ihrer jetzigen Beschaffenheit ihrer Oberfläche, im Allgemeinen eine Kugel wäre, so würde es, ohne ein anderes Hülfsmittel, sehr schwer, ja unmöglich sein, die Richtung ihres Centrums so genau anzugeben, dass sich richtige Tangentenwinkel messen liessen. Die mathematischen Hülfsmittel reichen daher allein nicht aus, und wir bedürfen noch eines physischen, um zum Ziele zu kommen. Die allgemeine Gravitation der Masse oder die Schwere liefert uns dieses Mittel in Verbindung der mathematischen Lehre vom Gleichgewicht, die darthut, dass jede Flüssigkeit sich nur dann im Gleichgewicht befindet, wenn ihre Oberfläche die Richtungen der Schwere oder, was dasselbe ist, die darauf fallenden Lothlinien senkrecht durchschneidet. Wir erhalten auf diese Weise zwei Mittel, die Tangential- oder Horizontalebene zu finden: erstens die Lothlinie selbst, auf der die Horizontalebene senkrecht steht, und zweitens die ruhige Oberfläche einer Flüssigkeit, die diese Ebene unmittelbar darstellt. Man hat das letztere als das genauere gewählt, und das Niveau der Instrumente ist nach diesem Princip construirt. Mittels des Niveaus wird das vollkommenste Winkelinstrument, der Theodolit, horizontal gestellt, und in dieser Ebene werden die Winkel gemessen, indem das Fernrohr sich senkrecht gegen diese Ebene, also vertical bewegt. Hieraus folgt:

1. Dass der Horizont, in dem wir messen, ganz und gar abhängig ist von der Lothlinie. Kommen Ablenkungen der Lothlinie an gewissen Punkten vor, so hat auch die Horizontalebene eine um den Winkel der Ablenkung andere Lage.
2. Die Winkel, die wir beobachten, sind Winkel der verticalen Schnitte. Die Winkel der geodätischen Linien können nicht direct beobachtet werden, weil diese Linien Curven doppelter Krümmung sind; aber nach dem vorigen § ist bis zu Entfernungen, wie sie gewöhnlich in einem Dreiecksnetz vorkommen, der Unterschied beider Winkel so gering, dass sie als gleich angesehen werden können.

Aus der Untersuchung §. 17 geht hervor, dass die Winkel der geodätischen Linien, mit der wachsenden Entfernung, sich in einem steigenden Verhältniss ändern, während die der verticalen Schnitte unverändert bleiben, woraus denn folgt, dass alle Winkel, welche aus einem Dreiecksnetz für grössere Distancen, als die Dreiecksseiten haben, abgeleitet werden, Winkel der verticalen Schnitte sind. Die Winkel der geodätischen Linien für grössere Distancen können nur nach §. 17 durch Rechnung gefunden werden; rechnen können wir aber überhaupt nur auf einer mathematischen Oberfläche. Da nun die physische Oberfläche der Erde einer solchen in keiner Weise entspricht, indem die Punkte eines Dreiecksnetzes oft in sehr verschiedenen Höhen liegen, so müssen die beobachteten Winkel entweder als Winkel auf einer mathematischen Oberfläche angesehen oder darauf reducirt werden.

Als mathematische Oberfläche nimmt man ein Rotationssphäroid an, welches der Oberfläche der im Gleichgewicht sich befindenden Meere so nahe kommt als möglich.

Da die Tangenten der Kreisbögen eines sphärischen Winkels auf dem geradlinigen Radius der Kugel senkrecht stehen, so bleibt der Winkel zweier centralen Kugelschnitte für jeden Radius derselbe, und es ist gleichgültig, in welchem Punkt des Radius ein solcher Winkel gemessen wird. Unter der Voraussetzung also, dass die vom Niveau des Meeres bis zu den höchsten Bergspitzen verlängerten Lothlinien gerade Linien sind, können die auf Standpunkten von verschiedenen Höhen gemessenen Winkel als die Winkel ihrer normalen Projectionen auf dem Rotationssphäroid angesehen werden. Diese Voraussetzung hat man bisher gemacht, und von den in verschiedenen Höhen gemessenen Winkeln angenommen, als seien sie im Niveau des Meeres gemessen. Man wird diese Voraussetzung auch vorläufig noch festhalten müssen, weil die Mittel zur Reduction fehlen, obgleich sich beweisen lässt, dass dieselbe nicht richtig ist. Denken wir uns einen Punkt im Niveau des Meeres und einen anderen in der Höhe h darüber, so hat die Schwere in h im Verhältniss von $\frac{a^2}{(a+h)^2}$ abgenommen, wo a der Abstand vom Centrum der Anziehung ist; die Schwungkraft dagegen hat im Verhältniss von $\frac{(a+h)\cos\varphi}{a\cos\varphi} = \frac{a+h}{a}$ zugenommen, wo φ die Polhöhe und n die Normale. Die ellipsoidische Gleichgewichtsschale in der Höhe h über dem Meere wird daher eine stärkere Abplattung haben als die Erde selbst und eine um so stärkere, je grösser h ist. Daraus folgt, dass, wenn man eine Lothlinie vom Niveau des Meeres aus geradlinig verlängert bis zur Höhe h, ein in h aufgehängtes Loth nicht in diese Richtung fällt, sondern einen kleineren Winkel mit der Drehungsaxe macht als die verlängerte Lothlinie. Die Abweichung wächst mit h; die wirkliche Verlängerung der Lothlinie ist also eine Curve und die Richtung des Lothes in h eine Tangente daran.

Eine Vermehrung der Schwungkraft vergrössert die Abplattung und die Excentricität; nun haben wir nach Gleichung 45.

$$\lg u = \lg \varphi \sqrt{1-ee}$$

— 77 —

und für eine andere Excentricität

$$\lg x = \lg q' \sqrt{1-(ee)},$$

ist nun $(ee) > ee$, so ist $\sqrt{1-(ee)} < \sqrt{1-ee}$ und daher $q' > q$. Daraus folgt, dass die auf einer hohen Bergspitze gemessene Polhöhe etwas grösser gefunden werden muss, als wenn sie im Niveau des Meeres beobachtet worden wäre.

Die Bestimmung der Abplattungen, welche solchen ellipsoidischen Schaalen in verschiedenen Höhen über dem Meere zukommt, ist eine Aufgabe, deren Lösung für die Geodäsie von Wichtigkeit wäre. In ihrer allgemeinsten Form wird dieselbe aber wohl nicht gelingen, weil das Gesetz der Dichtigkeiten im Innern der Erde unbekannt ist; dagegen erscheint die Lösung weniger schwierig, wenn man von einem bestimmten Ellipsoid ausgeht, wie z. B. von dem Besselschen.

Der Einfluss, den diese Abweichung der Lothlinie in der Höhe, auf die horizontalen Winkel erlangt, besteht darin, dass der Horizont, in welchem man beobachtet, eine geringe Neigung gegen den Horizont im Niveau des Meeres hat, die wohl kaum die Grösse einer Secunde erreichen kann. Die Reduction auf den letzteren Horizont ist daher nach §. 18 unter allen Umständen verschwindend klein.

Wir haben noch eine andere Frage bezüglich der beobachteten Winkel zu erledigen.

Nach §. 16 fällt die Linie Mq (Fig. 15), unter welcher ein in P durch M gelegter verticaler Schnitt die Meridianebene von M schneidet, nicht mit Ms der Lothlinie von M zusammen, sondern macht einen kleinen Winkel $sMq = y$ im Meridian von M mit derselben. Daraus folgt, dass, wenn der Dreieckspunkt M nicht im Niveau des Standpunktes P, sondern um $MO = h - h'$ (wo h' die Höhe von P und h die Höhe von M) über demselben liegt, der in P gelegte Schnitt im Meridian von M um Mt nördlich von M vorbeigeht, so dass die Polhöhe von t um Mt vermindert und das in P beobachtete Azimuth um den Winkel tPM verbessert werden muss. Da y nur ein kleiner Winkel ist und die Polhöhe von t nach M abnimmt, so erhalten wir

$$-\Delta\varphi = y \quad \text{oder} \quad \Delta\varphi = -y$$

und den kleinen Meridianbogen

$$Mt = -(h-h')\sin y.$$

Wenn α das Azimuth ist, unter welchem die Schnittebene den Meridian von M schneidet, so ist der Abstand des Punktes M von der Schnittebene $= -(h-h')\sin y \sin\alpha$ und wenn s die Entfernung PM, so erhält man den kleinen Winkel

$$tPM = \frac{-(h-h')\sin y \sin\alpha}{s \sin 1''} = -x.$$

Dieser Winkel muss dem Azimuth ε' des in P durch O gelegten Schnittes hinzugefügt werden, um das Azimuth des durch M gehenden Schnittes zu erhalten, so dass man hat

$$\varepsilon = \varepsilon' - x.$$

Es sei die Polhöhe von $P = 49°59'22'',54$, die Polhöhe von $M = 50°$, das Azimuth a in $M = 90°$, der log der Entfernung $PM = 4,7574531$, $h-h' = 1000^T$. Nach Gleichung 19. finden wir

$$\log qs = 0,40927 \qquad \log M_s = \lg n = 6,5156757$$
$$\lg \sin \varphi = 9,88425$$
$$\overline{\log qr = 0,29352}$$
$$Cpl\, n = 3,48432$$
$$Cpl \sin 1'' = 5,31443$$
$$\overline{\lg y = 9,09227} \qquad \text{daher Winkel } y = 0'',123$$
$$\lg 1000 = 3,00000$$
$$Cpl\, s = 5,24255$$
$$\text{in Secunden } \lg \angle tPM = 7,33482 \qquad \text{daher } \angle tPM = 0'',0022.$$

Hieraus ist ersichtlich, dass diese Verbesserung nie die Höhe von $0'',01$ erreichen wird, und daher vernachlässigt werden kann. Da hier nur die Darlegung der allgemeinen Verhältnisse beabsichtigt wird, so übergehe ich die Methode, um aus den beobachteten Winkeln ihre wahrscheinlichsten Werthe zu finden. Diese Methode ist nach ihrer Theorie in Bessels Gradmessung, und im Detail ihrer praktischen Ausführung in meiner Küstenvermessung, so wie auch in verschiedenen Lehrbüchern beschrieben.

§. 21. Die Berechnung des Dreiecksnetzes.

Wir haben in den vorhergehenden Paragraphen eine Anzahl in aller Strenge nothwendiger Verbesserungen aufgeführt und nachgewiesen, dass dieselben einzeln für sich, und unter Bedingungen, wie sie die wirklich gemessenen Dreiecksketten darbieten, so klein sind, dass ihre Vernachlässigung keinen bemerkbaren Fehler auf das Resultat erlangen kann. Es könnte nun aber scheinen, dass, wenn nun auch jede einzelne Verbesserung für sich als unmerklich angesehen werden kann, die Summe aller dennoch zu einem bemerkbaren Fehler anwachsen könne.

Diese Frage lässt sich mit Hülfe der Wahrscheinlichkeitsrechnung beantworten. In der Theorie der Methode der kleinsten Quadrate wird gelehrt, dass bei der Zusammenwirkung mehrerer unabhängiger Fehlerursachen $w, w', w'' \ldots$ der Fehler W des Resultats folgenden Ausdruck hat

$$W = \sqrt{w^2 + w'^2 + w''^2 + \ldots}$$

Wir wollen nun die einzelnen Fehlerquellen der Reihe nach durchgehen.

1. Den wahrscheinlichen Fehler w der besten Winkelmessungen können wir nicht unter $\frac{1}{4}$ Secunde annehmen; daher $w = 0'',25$.
2. Der Unterschied der Längen des verticalen Schnittes und der geodätischen Linie ist nach §. 16 so klein, dass er selbst bei sehr grossen Entfernungen nicht in Betracht kommt. Wir haben daher $w' = 0$.
3. Nach §. 17 ist der Unterschied der Azimuthe der verticalen Schnitte und der geodätischen Linien, unter der angenommenen Beschränkung der Entfernungen, $w'' = 0'',019$.
4. Die stärksten Ablenkungen der Lothlinie, die beobachtet wurden, können bei einem Dreieckswinkel nach §. 18 noch nicht ein halbes Hundertel von einer Secunde erreichen; daher $w''' = 0'',005$.
5. Der Legendre'sche Satz nach §. 19 giebt bis zu Entfernungen von 60000^T nur einen Fehler von $0'',001$; daher $w'''' = 0'',001$.
6. Das Azimuth eines bei ungleichen Höhendifferenzen beobachteten verticalen Schnittes kann nach §. 20 höchstens einen Fehler von $0'',002$ geben; daher $w^V = 0'',002$.

Wir erhalten hiernach

$$
\begin{aligned}
w^2 &= 0{,}062500 \\
w'^2 &= 0{,}000000 \\
w''^2 &= 0{,}000361 \\
w'''^2 &= 0{,}000025 \\
w''''^2 &= 0{,}000001 \\
w^{V2} &= 0{,}000002 \\
\hline
&\,0{,}062891 \quad \text{daher}
\end{aligned}
$$

$$W = \sqrt{0{,}062891} = 0'',2508.$$

Das Zusammenwirken aller dieser Fehlerursachen kann daher den wahrscheinlichen Fehler der Winkelmessungen noch nicht um $0'',001$ abändern; woraus denn folgt, dass die Vernachlässigung dieser kleinen Quantitäten ohne Einfluss auf das Resultat ist, und dass, so lange der Fehler der Winkelmessungen nicht sehr beträchtlich vermindert werden kann, es unpraktisch sein würde, sie in die Rechnung aufnehmen zu wollen. Dem zufolge dürfen wir daher schliessen:

Die beobachteten Winkel in einem Dreiecksnetz sind den Winkeln der geodätischen Linien und den Winkeln der normalen Projectionen der Dreieckspunkte auf ein mathematisches Rotationssphäroid gleich, dessen Oberfläche der Oberfläche des im Gleichgewicht sich befindenden Meeres so nahe wie möglich kommt.

Hieraus folgt nun wieder, dass Abweichungen der Lothlinien, innerhalb der bisher beobachteten Grenzen, keinen Einfluss auf die Messung der Entfernungen haben.

Auf der mathematischen Oberfläche des Sphäroids wird nun zwar die richtige Berechnung der Dreiecke möglich, aber noch immer nicht leicht ausführbar; wir müssen daher die Untersuchung über die kleinen Grössen, die in einem gewissen Bereich als verschwindend angesehen werden können, noch fortsetzen, bis wir zur Anwendung der sphärischen Trigonometrie gelangen.

Das Rotationssphäroid der Erde ist nach seinen Dimensionen im Allgemeinen bestimmt, und wir wissen, dass seine Excentricität gering ist, wir können uns daher leicht überzeugen, dass ein sphäroidisches Dreieck mit Seiten, die unsere Annahme nicht überschreiten, als ein sphärisches angesehen werden kann, welches mit der mittleren Normale seiner drei Punkte beschrieben ist, ohne dass ein bemerkenswerther Fehler dadurch entsteht. Diese Untersuchung kann folgendermassen geführt werden: in einem Punkt, dessen Polhöhe φ' ist, nehme man unter den Azimuthen α' und α'' die Längen zweier kürzesten Linien s', s'' nach der obigen Beschränkung beliebig an, berechne nach §. 10 die Polhöhen φ'', φ''', die Längenunterschiede w', w'' und die Azimuthe α''', α^{IV}. Nach Gleichung 37. berechne man nun aus φ'', φ''' und $w'-w''$ die Azimuthe des verticalen Schnittes und die Länge desselben. Aus diesen Azimuthen in Verbindung mit α''' und α'' findet man die beiden anderen Winkel des sphäroidischen Dreiecks, und die Länge des Schnittes giebt die kürzeste Linie der dritten Seite des Dreiecks. Jetzt suche man die mittlere Normale, verwandle die kürzeste Linie einer Seite in einen Kreisbogen von gleicher Länge, berechne mit den gefundenen Winkeln das Dreieck sphärisch und vergleiche die Längen der beiden anderen Seiten mit den vorher angenommenen Längen der kürzesten Linien, so wird man innerhalb der obigen Grenzen eine genügende Uebereinstimmung finden.

Mit den beobachteten Winkeln und einer Seite könnten wir also unser Netz sphärisch berechnen, wie Delambre und Mechain es bei der französischen Gradmessung gethan haben, allein der Legendresche Satz §. 19 macht es uns viel bequomer, indem er zeigt, dass sphärische Dreiecke bis zu der grössten Seitenlänge, die bei einer Triangulation vorkommen, wie ebene Dreiecke berechnet werden können, wenn man von jedem sphärischen Winkel $\frac{1}{3}$ des Excesses abzieht, und die Grundlinie gleich der geradlinigen Länge des sphärischen Bogens annimmt. Ich werde das Verfahren auf das in Schlesien im Jahre 1854 gemessene Dreieck Annaberg, Lossen, Bischofskoppe anwenden. Die Beobachtungen ergaben

Annaberg	63°36′ 6″.977
Lossen	58° 7′48″.909
Bischofskoppe	58°16′12″.616
Summe	180° 0′ 8″.502
$180° + \epsilon =$	180° 0′ 7″.429
Fehler	+ 1″.073

Wenn alle drei Winkel mit gleicher Sorgfalt beobachtet wurden, so ist kein Grund zu einer ungleichen Vertheilung der Fehler vorhanden. Man wird also von jedem Winkel $\frac{1}{3}$ des Fehlers abziehen, um den richtigen aus den Beobachtungen hervorgegangenen sphärischen Winkel zu erhalten. Bei Anwendung des Legendreschen Satzes muss aber auch $\frac{1}{3}$ des Excesses von jedem Winkel abgezogen werden; also überhaupt $\frac{1}{3}$ des beobachteten Ueberschusses über 180°. Man braucht daher zur Berechnung des Dreiecks den Excess gar nicht zu kennen; er dient nur, um die Grösse des Fehlers beurtheilen zu können.

Die zur Rechnung erforderlichen Winkel erhalten wir also, wenn wir von jedem Winkel $\frac{8,502}{3} = 2″,834$ abziehen, wie folgt:

Annaberg	63°36′ 4″,143
Lossen	58° 7′46″,075
Bischofskoppe	58°16′ 9″,782
	180° 0′ 0″,000

Der log der Bogenlänge der Seite Lossen Bischofskoppe ist $= 4,4905831,8$. Wird mit dieser Seite das Dreieck wie ein ebenes berechnet, so geben die beiden anderen Seiten die richtigen Längen ihrer sphärischen Bögen.

Sollen aus diesen Rechnungswinkeln die sphärischen Winkel wieder hergestellt werden, so muss zu jedem $\frac{1}{3}\epsilon$, hier $\frac{7,429}{3} = 2,476$ hinzugefügt werden. Man erhält daher das sphärische Dreieck, wie folgt:

— 82 —

Sphärische Winkel		gegenüberliegende Seiten
Annaberg	63° 38' 6",620	30944^T,480 log 4,4905831,8
Lessen	58° 7' 48",551	29338^T,826 log 4,4674427,3
Bischofskoppe	58° 16' 12",258	29363^T,283 log 4,4681002,9
	180° 0' 7",429	

Dies ist das Resultat, welches aus der Anwendung des Legendreschen Satzes gezogen werden muss.

Sind in einem Dreiecksnetz überhaupt nur einzelne Dreiecke, ohne überschüssige Beobachtungen, gemessen, so kann die Rechnung gar nicht anders geführt werden. Bildet aber das Netz mehrere Polygone und sind verschiedene diagonale Richtungen beobachtet, so dass überschüssige Beobachtungen vorhanden sind, so müssen die Fehler nach der Methode der kleinsten Quadrate verbessert werden, ehe zur definitiven Berechnung der Seiten geschritten werden kann. Hinsichtlich der Anwendung der Methode der kleinsten Quadrate auf die Ausgleichung eines Dreiecksnetzes verweise ich auf die Gradmessung von Bessel und auf meine Küstenvermessung.

§. 22. Berechnung der Längen, Breiten und Azimuthe der Dreieckspunkte.

Die Berechnung der Polhöhen, Azimuthe und Längenunterschiede kann zunächst nach den Besselschen Formeln §. 10 und §. 11 geschehen. Man kann aber auch folgendermassen verfahren.

Da nach §. 16 der in P verticale Schnitt (Fig. 5), der durch M gelegt wird, gegen die Meridianebene von M einen Neigungswinkel hat, dessen Fläche gegen den Horizont von M nur um den kleinen Winkel y geneigt ist, so kann dieser Neigungswinkel so lange als das wahre Azimuth des umgekehrten in M verticalen Schnittes, der durch P geht, angesehen werden, als die Reduction desselben auf den Horizont von M unmerklich ist; also nach §. 18 wenigstens so lange, als y eine Minute nicht überschreitet. Wenn aber die Azimuthe der in P durch M und umgekehrt in M durch P gelegten verticalen Schnitte als gleich angesehen werden können, dann fallen beide Schnittflächen zusammen und ihre Excentricitäten werden einander gleich. Bezeichnet man nun die Polhöhe und das Azimuth in P mit φ' und e'; die Polhöhe und das Azimuth in M mit φ und e, so erhält man nach §. 3 Gleichung 10., weil dort a' das Azimuth des verticalen Schnittes bedeutet, also gleichbedeutend mit e' ist:

die Excentricität des in P verticalen Schnittes $\varepsilon' \varepsilon' = \dfrac{ee(1-\cos^2\varphi'\sin^2 e')}{1-ee\cos^2\varphi'\sin^2 e'}$

— — — — M — — $u = \dfrac{ee(1-\cos^2\varphi\sin^2 e)}{1-ee\cos^2\varphi\sin^2 e}$

und, so lange beide Schnitte als zusammenfallend angesehen werden können, $e'e' = ee$. Wir haben daher, wenn beide Werthe einander gleich gesetzt werden,

$$\frac{ee(1-\cos^2\varphi'\sin^2 e)}{1-ee\cos^2\varphi'\sin^2 e} = \frac{ee(1-\cos^2\varphi\sin^2 e')}{1-ee\cos^2\varphi\sin^2 e'}.$$

Werden die Nenner hinüber multiplicirt und reducirt, so geht der Ausdruck über in

$$(1-ee)\cos^2\varphi\sin^2 e = (1-ee)\cos^2\varphi'\sin^2 e' \quad \text{oder}$$
$$\cos\varphi\sin e = \cos\varphi'\sin e'.$$

Dies ist die Relation eines sphärischen Dreiecks, dessen Grundlinie PM (Fig. 5) und dessen Spitze der Pol P' ist, zwischen den Seiten $PP' = 90^\circ - \varphi'$, $MP' = 90^\circ - \varphi$ und den gegenüberliegenden Winkeln e' und e. Die beiden fehlenden Stücke sind der Längenunterschied w und die Entfernung $PM = s$.

Sind nun s, e' und φ', also zwei Seiten mit dem eingeschlossenen Winkel gegeben, so kann man zur Bestimmung der übrigen Stücke die Gaussischen Analogien anwenden

$$\sin\tfrac{1}{2}(90^\circ-\varphi)\sin\tfrac{1}{2}(e-w) = \sin\tfrac{1}{2}[90^\circ-(\varphi'+(s))]\cos\tfrac{1}{2}e',$$
$$\sin\tfrac{1}{2}(90^\circ-\varphi)\cos\tfrac{1}{2}(e-w) = \sin\tfrac{1}{2}[90^\circ-(\varphi'-(s))]\sin\tfrac{1}{2}e',$$
$$\cos\tfrac{1}{2}(90^\circ-\varphi)\sin\tfrac{1}{2}(e+w) = \cos\tfrac{1}{2}[90^\circ-(\varphi'+(s))]\cos\tfrac{1}{2}e',$$
$$\cos\tfrac{1}{2}(90^\circ-\varphi)\cos\tfrac{1}{2}(e+w) = \cos\tfrac{1}{2}[90^\circ-(\varphi'-(s))]\sin\tfrac{1}{2}e'.$$

wo $(s) = \frac{s}{n'\sin 1''}$, wenn n' die Normale von P ist.

Bei dieser Rechnung findet man w genau, e bedarf keiner Correction, weil dieselbe so klein ist, dass sie vernachlässigt werden kann; die Polhöhe φ ist aber um den Winkel y zu klein gefunden, so dass die wahre Polhöhe des Punktes $M = \varphi + y$ ist (§. 16). Dass diese Verbesserung von φ auf e und w keinen Einfluss hat, folgt daraus, dass in $\operatorname{tg}\tfrac{1}{2}(e-w)$ und $\operatorname{tg}\tfrac{1}{2}(e+w)$ der Werth von φ ganz verschwindet.

Ist s, φ' und α' das Azimuth der geodätischen Linie gegeben, so findet man nach §. 17 e' und damit e, welches man nach demselben §. wieder auf α, das Azimuth der geodätischen Linie in M, reduciren kann.

Wenn die Entfernung s einen Grad nicht übersteigt, so kann man nach §. 17 $e' = \alpha'$ setzen und die oben gefundene Relation geht über in

$$\cos\varphi\sin\alpha = \cos\varphi'\sin\alpha'.$$

Da in diesem Fall die Seite $(s) = \frac{s}{n'\sin 1''}$ gegen die Seite $90^\circ - \varphi'$ klein ist, so können wir uns zur Bestimmung von w und α der Lagrangeschen Reihen mit Vortheil bedienen. Dieselben geben

$$90^0 - \tfrac{1}{2}(\alpha+w) = \tfrac{1}{2}\alpha' - \tfrac{\text{tg}\tfrac{1}{2}(s)}{\cotg\tfrac{1}{2}(90^0-\varphi')}\sin\alpha' + \tfrac{1}{2}\tfrac{\text{tg}^2\tfrac{1}{2}(s)}{\cotg^2\tfrac{1}{2}(90^0-\varphi')}\sin 2\alpha' - \tfrac{1}{3}\tfrac{\text{tg}^3\tfrac{1}{2}(s)}{\cotg^3\tfrac{1}{2}(90^0-\varphi')}\sin 3\alpha' + \cdots$$

$$90^0 - \tfrac{1}{2}(\alpha-w) = \tfrac{1}{2}\alpha' + \tfrac{\text{tg}\tfrac{1}{2}(s)}{\text{tg}\tfrac{1}{2}(90^0-\varphi')}\sin\alpha' + \tfrac{1}{2}\tfrac{\text{tg}^2\tfrac{1}{2}(s)}{\text{tg}^2\tfrac{1}{2}(90^0-\varphi')}\sin 2\alpha' + \tfrac{1}{3}\tfrac{\text{tg}^3\tfrac{1}{2}(s)}{\text{tg}^3\tfrac{1}{2}(90^0-\varphi')}\sin 3\alpha' + \cdots$$

Hieraus findet man α und w und nun

$$\cos\varphi = \frac{\cos\varphi'\sin\alpha'}{\sin\alpha}.$$

Die wahre Polhöhe des gesuchten Punktes ist aber wieder $= \varphi + y$.

Das Auffinden von y oder die Verbesserung der Polhöhen kann durch eine Tabelle sehr erleichtert werden, so dass die Berechnung der Längen, Breiten und Azimuthe kleiner Dreiecke ganz ausserordentlich einfach wird.

Sind, wie es bei den Polarcoordinaten der Fall ist, die Entfernung s, die Polhöhen φ' und φ und die Azimuthe α' und α bestimmt, so kann man den Längenunterschied w, einmal aus s, φ' und $(\varphi-y)$, also unabhängig von den Azimuthen, und das andere Mal aus s, α' und α (oder vielmehr s, e', e), also unabhängig von den Polhöhen nach bekannten Formeln der sphärischen Trigonometrie bestimmen. Bei diesen Bestimmungen wird nichts vernachlässigt, was einen bemerkbaren Fehler hervorbringen könnte, man kann sie also mit Sicherheit auf sehr grosse Entfernungen anwenden.

Eben so kann man auch den Längenunterschied w unabhängig von der Entfernung durch e', e, φ' und $(\varphi-y)$, respective durch α', α, φ' und $(\varphi-y)$ ausdrücken.

Die verschiedenen Formeln sind

$$\sin\tfrac{1}{2}w = \left\{\frac{\sin\tfrac{1}{2}\left[(\varphi-y)-\varphi'+\tfrac{s}{n'\sin 1''}\right]\sin\tfrac{1}{2}\left[\varphi'-(\varphi-y)+\tfrac{s}{n'\sin 1''}\right]}{\cos\varphi'\cos(\varphi-y)}\right\}^{\tfrac{1}{2}},$$

$$\cos w = \cos\tfrac{s}{n'\sin 1''}\sin e'\sin e - \cos e'\cos e,$$

$$\text{tg}\tfrac{1}{2}w = \frac{\sin e'\sin(\varphi'-(\varphi-y))}{2\cos(\varphi-y)\sin\left(\tfrac{e'+e}{2}\right)\sin\left(\tfrac{e'-e}{2}\right)} = \cotg\left(\tfrac{e'+e}{2}\right)\frac{\cos\tfrac{1}{2}(\varphi-y-\varphi')}{\sin\tfrac{1}{2}(\varphi'+\varphi-y)}.$$

§. 23. Berechnung der Polarcoordinaten.

In einer Dreieckskette (Fig. 12) sind auf den Stationen A, B und C die Polhöhen und Azimuthe beobachtet, es sollen diese Punkte durch Polarcoordinaten mit einander verbunden werden. Man kann hierbei verschiedene Wege einschlagen, die sich zwar meistentheils aus der Form der Dreiecke und dem Lauf der Dreieckskette von selbst darbieten, aber dennoch besondere, mehr oder weniger günstige Modificationen zulassen, von denen einige hier eine Stelle finden mögen.

1. Berechnung der Polarcoordinaten zwischen A und B.

Die Dreieckspunkte sind mit 1, 2, 3, 4 ... bezeichnet. Die Polhöhe in A sei gleich φ', das Azimuth der Seite $A,2$ oder $\angle NA2$ sei bekannt; eben so die Polhöhe φ in B und das Azimuth der Seite $B,6$ oder der Winkel $NB6$.

Man verlängere die Seite $A,2$ bis b, d. h. bis zu dem Durchschnitt mit dem Meridian von B und berechne die Dreiecke $2,4.a$ und aBb. In dem ersten Dreieck sind bekannt: die Seite $2,4$, der Winkel in 4, als Summe der Dreieckswinkel, und der Winkel in 2, als Summe der Dreieckswinkel weniger $180°$. Daraus findet man den $\angle$ in a und die ihn einschliessenden Seiten $2,a$ und $4,a$; also auch die Seite aB oder die Grundlinie des folgenden Dreiecks abB, in dem der Winkel in a als Scheitelwinkel bekannt, und der Winkel in $B = 360° - aBb - NBb$ ist. Die Auflösung dieses Dreiecks giebt die Seiten ab, bB und den Winkel in b.

Durch die gefundenen Stücke sind nun in dem Dreieck AbB die Seite Ab, die Seite bB und der von ihnen eingeschlossene Winkel in b bekannt. Dieses Dreieck löst man am sichersten durch die Lagrangeschen Reihen auf. Setzt man die Seite $bB = a$, die Seite $AB = s$, den $\angle$ in $b = b$, den $\angle$ in $B = B$, den $\angle$ in $A = A$, so hat man

$$90° - \tfrac{1}{2}(A+B) = \tfrac{1}{2}b - \operatorname{tg}\tfrac{1}{2}a \operatorname{tg}\tfrac{1}{2}s \sin b + \tfrac{1}{2}\operatorname{tg}^2\tfrac{1}{2}a \operatorname{tg}^2\tfrac{1}{2}s \sin 2b - \tfrac{1}{3}\operatorname{tg}^3\tfrac{1}{2}a \operatorname{tg}^3\tfrac{1}{2}s \sin 3b + \cdots$$

$$90° - \tfrac{1}{2}(B-A) = \tfrac{1}{2}b + \frac{\operatorname{tg}\tfrac{1}{2}a}{\operatorname{tg}\tfrac{1}{2}s}\sin b + \tfrac{1}{2}\frac{\operatorname{tg}^2\tfrac{1}{2}a}{\operatorname{tg}^2\tfrac{1}{2}s}\sin 2b + \tfrac{1}{3}\frac{\operatorname{tg}^3\tfrac{1}{2}a}{\operatorname{tg}^3\tfrac{1}{2}s}\sin 3b + \cdots$$

$$\log \sin \tfrac{1}{2}AB = \log(\sin\tfrac{1}{2}a \cos\tfrac{1}{2}a) - M\frac{\operatorname{tg}\tfrac{1}{2}a}{\operatorname{tg}\tfrac{1}{2}s}\cos b - M\frac{\operatorname{tg}^2\tfrac{1}{2}a}{2\operatorname{tg}^2\tfrac{1}{2}s}\cos 2b - M\frac{\operatorname{tg}^3\tfrac{1}{2}a}{3\operatorname{tg}^3\tfrac{1}{2}s}\cos 3b - \cdots,$$

wo M der Modul und $\log M = 9{,}6377843113$. Der vollständige Ausdruck von $\sin\tfrac{1}{2}AB$ ist

$$\sin^2\tfrac{1}{2}AB = \sin^2\tfrac{1}{2}s \cos^2\tfrac{1}{2}a + \cos^2\tfrac{1}{2}s \sin^2\tfrac{1}{2}a - 2\sin\tfrac{1}{2}s \cos\tfrac{1}{2}s \sin\tfrac{1}{2}a \cos\tfrac{1}{2}a \cos b.$$

Da diese Formeln rein sphärisch sind, so müssen wir vor ihrem Gebrauch noch Folgendes in Erwägung ziehen:

Nach §. 17 Gleichung 81. ist für die gewöhnliche Länge der Dreiecksseiten $a' = s'$, d. h. das Azimuth der geodätischen Linie für die Dreiecksseite $A,2$ (Fig. 12) gleich dem Azimuth ihres verticalen Schnittes. Aus derselben Gleichung geht aber hervor, dass mit dem Wachsen der Seite s der Unterschied beider Azimuthe in einem quadratischen Verhältniss wächst. Da nun das Azimuth des verticalen Schnittes für jede Verlängerung dasselbe, also $= e'$, bleibt, so folgt daraus, dass das Azimuth der geodätischen Linie sich mit ihrer Länge ändert.

Lösen wir nun das spitze Dreieck ABb mit der Normale von A als Radius sphärisch auf (§. 22), so ist der Winkel bAB der Unterschied der Azimuthe der verticalen Schnitte, die in A durch b und B gelegt werden. Fügen wir diesen Winkel dem Winkel $NA2 = e'$ hinzu, so erhalten wir das Azimuth des in A durch B gelegten verticalen Schnittes, welches wir V'' nennen wollen.

Das Azimuth der geodätischen Linie findet man nun aus Gleichung 81., wie folgt:

$$a' = V'' - \frac{ee\cos^2 u' \sin V'' \cos V''}{8} \cdot \frac{(AB)^2}{n'^2} + \frac{ee\cos u' \sin u' \sin V''}{24} \cdot \frac{(AB)^3}{n'^3},$$

wo n' die Normale von A und u' die reducirte Breite sind. Um das Azimuth des verticalen Schnittes in B zu finden, müssen wir das spitzwinklige Dreieck ABb mit der Normale von B als Radius auflösen und den gefundenen Winkel bBA von $360°$ abziehen. Bezeichnen wir diesen Winkel durch V, so erhalten wir das Azimuth der geodätischen Linie in B

$$a = V - \frac{ee\cos^2 u \sin V \cos V}{6} \cdot \frac{(AB)^2}{n^2} - \frac{ee\cos u \sin u \sin V}{24} \cdot \frac{(AB)^3}{n^3},$$

wo n die Normale und u die reducirte Breite in B sind.

Für sehr lange Bögen wird man zur Bestimmung der Azimuthe der geodätischen Linien auf die Gleichung 81. zurückgehen müssen.

Die Azimuthe, welche wir auf diesem Wege direct aus den Dreiecksketten für die Polarcoordinaten finden, sind also die der verticalen Schnitte und bleiben für jede Verlängerung des Schnittes dieselben. Die Azimuthe der geodätischen Linien dagegen müssen durch Rechnung gefunden werden und ändern sich mit der Länge der Linie. Die Entfernungen, welche wir aus den Dreiecksketten finden, sind die Längen der verticalen Schnitte, sie sind aber nach (§. 16) den Längen der geodätischen Linien so nahe gleich, dass beide verwechselt werden können.

2. Berechnung der Polarcoordinaten zwischen B und C.

Man verlängere die Seite $B,6$, bis sie die Seite $C,8$ in c trifft und löse das Dreieck $6,8,c$ auf, so findet man Bc, Cc und den Winkel BcC. Die Auflösung des Dreiecks BcC aus zwei Seiten und dem eingeschlossenen Winkel bei c mit der Normale in B als Radius, giebt den Unterschied der Azimuthe der in B durch c und C gelegten verticalen Schnitte, und wenn dieser Unterschied dem gemessenen Azimuth in B hinzugefügt wird, so erhält man den Winkel NBC oder das Azimuth des verticalen Schnittes in B.

Wird nun dasselbe Dreieck BcC mit der Normale von C als Radius aufgelöst, und der gefundene Winkel cCB dem gemessenen Azimuth NCB hinzugefügt, dann diese Summe oder der Winkel NCB von 360° abgezogen, so erhält man das Azimuth des verticalen Schnittes in C. In Fällen, wo die Normalen der Punkte B und C nicht sehr von einander abweichen, werden beide Auflösungen des Dreiecks dieselben Winkel geben.

3. Berechnung der Polarcoordinaten zwischen A und C.

Man nehme nach der Karte den Winkel NAd so an, dass die Verlängerung von Ad den Punkt C so nahe als möglich treffe. Aus der Auflösung des Dreiecks $A,1,d$ findet man den Winkel bei d und die Seite $d,1$, also auch $d,3$. Jetzt verlängere man die Seite $1,3$ bis e, berechne das Dreieck $3,5,e$ und bestimme de; nun nehme man die Länge von df so an, dass die Dreiecke eine gute Form bekommen, berechne $e,f,7$; $f,7,C$ und Cfg, so erhält man in dem Dreieck ACg die beiden Seiten Ag und gC nebst dem eingeschlossenen Winkel in g. Die doppelte Auflösung dieses Dreiecks nach den Normalen von A und von C giebt die Azimuthe der verticalen Schnitte in A und in C.

§. 24. Allgemeine Untersuchung über die geodätischen Linien und die verticalen Schnitte auf krummen Oberflächen.

Herr Weingarten, ein junger talentvoller Mathematiker, den ich vor einiger Zeit für die Geodäsie zu interessiren suchte, hat mir nach Beendigung meiner Schrift, als ersten Versuch auf diesem Gebiet, die nachfolgende wichtige Abhandlung vorgelegt und auf meine Bitte die Aufnahme derselben gestattet.

Herr Weingarten beweist hier, dass das, was ich im Anfang dieses Abschnittes speciell für das Rotationssphäroid nachgewiesen habe, für alle krummen Oberflächen gilt; dass man also durch das Messen der Winkel der verticalen Schnitte und die Berechnung der Dreiecke nach dem Legendreschen Satz, die allgemeine Figur der Erde mag beschaffen sein wie sie wolle, eben so richtige Resultate erhält, als unter der Voraussetzung ihrer sphäroidischen Gestalt.

Ferner zeigt Herr Weingarten, dass die Entwickelung des Unterschiedes der Entfernung zweier Punkte, auf der kürzesten Linie und im verticalen Schnitt gemessen, bei allen krummen Oberflächen erst mit $\frac{1}{10}$(?) der fünften Potenz der Entfernung beginnt, also unter allen Umständen unmerklich ist.

Diese Ergebnisse geben der ganzen Geodäsie eine viel allgemeinere Begründung, als sie bisher hatte, und lassen mich im Interesse der Wissenschaft den Wunsch aussprechen, dass Herr Weingarten seine Untersuchungen fortsetzen möge.

Schliesslich mache ich noch darauf aufmerksam, dass Herr Weingarten die geodätische Linie, die ich überall mit s bezeichnet habe, hier σ genannt hat.

Es sei P ein Punkt einer krummen Fläche. Man beziehe die Gleichung $z = f(x, y)$ derselben auf ein Axensystem, in welchem P als Anfangspunkt, die in ihm zur Fläche errichtete Normale als Axe der Z, die Tangenten an die in P sich schneidenden Krümmungslinien als Axen der X und Y angenommen seien. Es seien ferner p, q, r, s, t die Werthe der partiellen Differentialquotienten $\frac{\partial z}{\partial x}, \frac{\partial z}{\partial y}, \frac{\partial^2 z}{\partial x^2}, \frac{\partial^2 z}{\partial x \partial y}, \frac{\partial^2 z}{\partial y^2}$ in einem Punkte (x,y,z) der vorgelegten Fläche, p_0, q_0, r_0, s_0, t_0 die Werthe derselben Grössen im Anfangspunkte P. Bezeichnet man durch λ, μ, ν die Cosinus der Winkel, welche die im Punkt (x, y, z) der Fläche errichtete Normale mit den Axen bildet, so bestehen bekanntlich die Gleichungen

$$\cos\lambda = \frac{p}{\sqrt{1+p^2+q^2}}; \quad \cos\mu = \frac{q}{\sqrt{1+p^2+q^2}}; \quad \cos\nu = \frac{-1}{\sqrt{1+p^2+q^2}}.$$

Durch die getroffene Wahl der Axen verschwinden, wie bekannt, für den Anfangspunkt P die Grössen p, q, s, so dass

$$p_0 = 0, \quad q_0 = 0, \quad s_0 = 0,$$

wogegen die Werthe von r_0 und t_0 mit den Werthen der Hauptkrümmungen der vorgelegten Fläche im Punkt P identisch werden.

Bezeichnet man durch σ die Länge des Bogens einer von P ausgehenden geodätischen Linie, durch x, y, z die Coordinaten eines beliebigen Punktes derselben, so sind x, y, z Functionen von σ, welche den Differentialgleichungen

$$\frac{\frac{d^2z}{d\sigma^2}}{\cos\nu} = \frac{\frac{d^2y}{d\sigma^2}}{\cos\mu} = \frac{\frac{d^2x}{d\sigma^2}}{\cos\lambda}$$

und der Gleichung der Fläche $z = f(x, y)$ genügen müssen. Die Berücksichtigung der Werthe von $\cos\lambda, \cos\mu, \cos\nu$ giebt diesen Gleichungen die Form

$$(1.) \quad \begin{cases} \frac{d^2x}{d\sigma^2} + p\frac{d^2z}{d\sigma^2} = 0, \\ \frac{d^2y}{d\sigma^2} + q\frac{d^2z}{d\sigma^2} = 0, \\ z = f(x, y), \end{cases}$$

aus welchen x, y, z als Functionen von σ zu bestimmen sind. Die durch Integration dieser Gleichungen eingeführten Constanten bestimmen sich aus der Bedingung, dass die betrachtete geodätische Linie vom Anfangspunkte und unter einer gegebenen Richtung ausgeht.

Es sei α der Winkel, den diese Richtung mit der Axe der x bildet, so werden die Werthe von

$$\frac{dx}{d\sigma}, \quad \frac{dy}{d\sigma}, \quad \frac{dz}{d\sigma},$$

welche die Cosinus der Winkel der Tangente an die geodätische Linie im Punkte x, y, z angeben, für $\sigma = 0$ übergehen müssen in resp.

$$\cos\alpha, \quad \sin\alpha, \quad 0.$$

Bezeichnet man wie vorher auf den Punkt P bezügliche Werthe durch Beifügung des Index 0, so sind hiernach die Bedingungen, welchen die Functionen x, y, z von σ zu genügen haben, die folgenden:

1. $\begin{cases} z = f(x, y). \\ \dfrac{d^2x}{d\sigma^2} + p\dfrac{d^2z}{d\sigma^2} = 0. \\ \dfrac{d^2y}{d\sigma^2} + q\dfrac{d^2z}{d\sigma^2} = 0. \\ x_0 = 0, \quad y_0 = 0, \quad z_0 = 0, \\ \left(\dfrac{dx}{d\sigma}\right)_0 = \cos\alpha, \quad \left(\dfrac{dy}{d\sigma}\right)_0 = \sin\alpha, \quad \left(\dfrac{dz}{d\sigma}\right)_0 = 0. \end{cases}$

welchen Gleichungen noch die früheren:

$$p_0 = 0, \quad q_0 = 0, \quad s_0 = 0$$

beizufügen sind.

Die Bestimmung von x, y, z als Functionen von σ, den Bedingungen 1. gemäss, lässt sich durch Entwickelung nach Potenzen von σ bewirken. Durch fortgesetzte Differentiation der drei ersten der Gleichungen 1. ist man im Stande, die Werthe der Differentialquotienten für $\sigma = 0$

$$\left(\frac{d^2x}{d\sigma^2}\right)_0, \left(\frac{d^3x}{d\sigma^3}\right)_0, \left(\frac{d^4x}{d\sigma^4}\right)_0, \ldots$$

$$\left(\frac{d^2y}{d\sigma^2}\right)_0, \left(\frac{d^3y}{d\sigma^3}\right)_0, \left(\frac{d^4y}{d\sigma^4}\right)_0, \ldots \quad \text{etc.}$$

$$\left(\frac{d^2z}{d\sigma^2}\right)_0, \left(\frac{d^3z}{d\sigma^3}\right)_0, \left(\frac{d^4z}{d\sigma^4}\right)_0, \ldots$$

durch die bekannten Werthe der partiellen Differentialquotienten

$$\left(\frac{\partial^2z}{\partial x^2}\right)_0, \left(\frac{\partial^2z}{\partial x \partial y}\right)_0, \left(\frac{\partial^2z}{\partial y^2}\right)_0, \quad \text{etc.}$$

im Punkte P darzustellen, und so die Werthe von x, y, z durch die Reihen

$$x = x_0 + \sigma\left(\frac{dx}{d\sigma}\right)_0 + \frac{\sigma^2}{2!}\left(\frac{d^2x}{d\sigma^2}\right)_0 + \frac{\sigma^3}{3!}\left(\frac{d^3x}{d\sigma^3}\right)_0 + \cdots$$

$$y = y_0 + \sigma\left(\frac{dy}{d\sigma}\right)_0 + \frac{\sigma^2}{2!}\left(\frac{d^2y}{d\sigma^2}\right)_0 + \frac{\sigma^3}{3!}\left(\frac{d^3y}{d\sigma^3}\right)_0 + \cdots$$

$$z = z_0 + \sigma\left(\frac{dz}{d\sigma}\right)_0 + \frac{\sigma^2}{2!}\left(\frac{d^2z}{d\sigma^2}\right)_0 + \frac{\sigma^3}{3!}\left(\frac{d^3z}{d\sigma^3}\right)_0 + \cdots$$

zu bestimmen.

Für den vorliegenden Zweck reicht es aus, die Entwickelung von x und y bis zur dritten Potenz von σ, dagegen für z nur bis zur zweiten anzugeben.

Die Differentiation der drei ersten der Gleichungen 1. ergiebt

$$\frac{dz}{d\sigma} = p\frac{dx}{d\sigma} + q\frac{dy}{d\sigma},$$

$$\frac{d^2z}{d\sigma^2} = p\frac{d^2x}{d\sigma^2} + q\frac{d^2y}{d\sigma^2} + r\left(\frac{dx}{d\sigma}\right)^2 + 2s\frac{dx}{d\sigma}\frac{dy}{d\sigma} + t\left(\frac{dy}{d\sigma}\right)^2,$$

$$\frac{d^2x}{d\sigma^2} + p\frac{d^2z}{d\sigma^2} + \left(r\frac{dx}{d\sigma} + s\frac{dy}{d\sigma}\right)\frac{dz}{d\sigma} = 0,$$

$$\frac{d^2y}{d\sigma^2} + q\frac{d^2z}{d\sigma^2} + \left(s\frac{dx}{d\sigma} + t\frac{dy}{d\sigma}\right)\frac{dz}{d\sigma} = 0.$$

Aus diesen Gleichungen und den Gleichungen 1. ergiebt sich für $\sigma = 0$, unter Berücksichtigung, dass $p_0 = 0$, $q_0 = 0$, $z_0 = 0$, $\left(\frac{dx}{d\sigma}\right)_0 = \cos\alpha$, $\left(\frac{dy}{d\sigma}\right)_0 = \sin\alpha$,

$$\left(\frac{d^2x}{d\sigma^2}\right)_0 = 0, \qquad \left(\frac{d^3x}{d\sigma^3}\right)_0 = -r_0(r_0\cos^2\alpha + t_0\sin^2\alpha)\cos\alpha,$$

$$\left(\frac{d^2y}{d\sigma^2}\right)_0 = 0, \qquad \left(\frac{d^3y}{d\sigma^3}\right)_0 = -t_0(r_0\cos^2\alpha + t_0\sin^2\alpha)\sin\alpha,$$

$$\left(\frac{d^2z}{d\sigma^2}\right)_0 = r_0\cos^2\alpha + t_0\sin^2\alpha.$$

und folglich

2. $\begin{cases} x = \sigma\cos\alpha - \dfrac{\sigma^3}{3!}r_0(r_0\cos^2\alpha + t_0\sin^2\alpha)\cos\alpha + \cdots \\ y = \sigma\sin\alpha - \dfrac{\sigma^3}{3!}t_0(r_0\cos^2\alpha + t_0\sin^2\alpha)\sin\alpha + \cdots \\ z = \dfrac{\sigma^2}{2}(r_0\cos^2\alpha + t_0\sin^2\alpha) + \cdots \end{cases}$

Diese Gleichungen bestimmen die Coordinaten eines Punktes der vorgelegten Fläche durch die Länge des vom Punkte P ausgehenden, in ihm endigenden geodätischen Bogens, und den Winkel, den derselbe im Punkte P mit der Richtung der X-Axe bildet. Nach einem bekannten Satze von Gauss (Disquisitiones circa superficies curvas Art. XIX.) wird das Quadrat des Bogenelements einer beliebigen Curve dieser Fläche, wenn man σ und α als unabhängige Variable einführt, in die Form

$$ds^2 = dx^2 + dy^2 + dz^2 = d\sigma^2 + A\,d\alpha^2$$

gebracht. Bildet man ds^2 aus den Gleichungen 2., so findet man leicht für die ersten Glieder der Entwickelung von A

$$A = \sigma^2 - \tfrac{1}{3} r_0 t_0 \sigma^4 + \cdots \text{etc.}$$

und folglich

3. $\quad ds^2 = d\sigma^2 + (\sigma^2 + \cdots)\,d\alpha^2.$

Die Gleichung eines durch den Punkt P unter dem Winkel β gegen die xz-Ebene geführten verticalen Schnittes ist

$$x\sin\beta - y\cos\beta = 0.$$

Die Gleichung der Schnittcurve, in den Variablen σ und α ausgedrückt, ist daher vermöge der Gleichungen 2.

$$\sin(\beta-\alpha) = \frac{\sigma^2}{6}(r_0\cos^2\alpha + t_0\sin^2\alpha)(r_0\cos\alpha\sin\gamma - t_0\sin\alpha\cos\gamma) + \cdots$$

Für $\sigma = 0$ ergiebt sich hieraus

$$\alpha = \beta.$$

Ferner findet man durch Differentiation:

$$\left(\frac{d\alpha}{d\sigma}\right)_0 = 0,$$

$$\left(\frac{d^2\alpha}{d\sigma^2}\right)_0 = -\tfrac{1}{3}(r_0\cos^2\beta + t_0\sin^2\beta)(r_0 - t_0)\cos\beta\sin\beta,$$

und folglich durch die Maclaurinsche Reihe

4. $\quad \alpha = \beta - \dfrac{\sigma^2}{6}(r_0\cos^2\beta + t_0\sin^2\beta)(r_0 - t_0)\cos\beta\sin\beta + \cdots$

Diese Gleichung bestimmt einen ersten Näherungswerth des Winkels, den die Linie eines durch den Punkt P und den Punkt (x, y, z) geführten verticalen Schnittes mit der in demselben Punkte endigenden geodätischen Linie im Punkte P bildet, wenn der den verticalen Schnitt bestimmende Winkel β gegeben ist.

Zur Ermittelung des Unterschiedes der Längen des Bogens des durch P und (x, y, z) gelegten verticalen Schnittes und der diese beiden Punkte verbindenden geodätischen Linie hat man für das Bogenelement der ersteren Curve nach 3. den Werth

$$ds = d\sigma\sqrt{1 + (\sigma^2 + \cdots)\left(\frac{d\alpha}{d\sigma}\right)^2},$$

wo $\left(\frac{ds}{d\sigma}\right)^2$ aus der für die Linie des verticalen Schnittes gültigen Relation 4. zwischen a und σ zu nehmen ist. Diese ergiebt

$$\left(\frac{ds}{d\sigma}\right)^2 = \frac{\sigma^2}{9}(r_0\cos^2\beta + t_0\sin^2\beta)(r_0-t_0)^2\cos^2\beta\sin^2\beta + \cdots,$$

woher

$$ds = d\sigma\sqrt{1 + \frac{\sigma^2(r_0-t_0)^2(r_0\cos^2\beta + t_0\sin^2\beta)^2}{9}\cos^2\beta\sin^2\beta + \cdots}$$

$$= d\sigma\left(1 + \frac{\sigma^2(r_0-t_0)^2(r_0\cos^2\beta + t_0\sin^2\beta)^2}{18}\cos^2\beta\sin^2\beta + \cdots\right)$$

und folglich

$$s - \sigma = \frac{\sigma^5}{90}(r_0-t_0)^2(r_0\cos^2\beta + t_0\sin^2\beta)^2\cos^2\beta\sin^2\beta + \cdots.$$

Der gesuchte Unterschied beginnt daher für jede Fläche mit der fünften Potenz von σ, und ist für Flächen, die wenig von der Kugelgestalt abweichen, wegen des Factors $(r_0-t_0)^2$, welcher für die Kugel streng Null ist, auch für grössere Werthe von σ völlig unmerklich. (Man überzeugt sich leicht, dass auch die höheren Glieder der Entwickelung von $s-\sigma$ mit einem Factor von der Dimension $(r_0-t_0)^2$ behaftet sind.)

Es sei nunmehr die vorgelegte Fläche ein Rotationsellipsoid, dessen halbe grosse Axe zur Einheit angenommen und dessen Excentricität e sei. In einem Punkte P desselben, dessen Polhöhe φ sei, soll, was mit den früheren Bestimmungen übereinstimmt, die Tangente an den Meridian zur X-Axe, die an den durch diesen Punkt gehenden Breitenkreis zur Y-Axe angenommen werden. Alsdann haben die Grössen r_0 und t_0, welche mit den entsprechenden Hauptkrümmungen identisch sind, die Werthe

$$r_0 = \frac{(1-ee\sin^2\varphi)^{\frac{3}{2}}}{1-ee},$$

$$t_0 = (1-ee\sin^2\varphi)^{\frac{1}{2}},$$

folglich

$$r_0 - t_0 = \frac{e^2\cos^2\varphi}{1-e^2}(1-ee\sin^2\varphi)^{\frac{1}{2}}.$$

Ferner seien β und a die Azimuthe des durch P geführten verticalen Schnittes und einer in einem Punkte (x, y, z) dieses Schnittes endigenden geodätischen Linie.

Die obigen Formeln ergeben alsdann die Correctionen

$$a - \beta = -\frac{\sigma^3 e^2}{6(1-e^2)}(r_0\cos^2\beta + t_0\sin^2\beta)t_0\cos^3\varphi\sin\beta\cos\beta,$$

$$s - \sigma = \frac{\sigma^5 e^4}{90(1-e^2)}(r_0\cos^2\beta + t_0\sin^2\beta)^2 t_0^2\cos^4\varphi\sin^2\beta\cos^2\beta,$$

oder wenn man in beiden Gleichungen nur die niedrigsten Potenzen von e beibehält, was man erreicht, wenn man $r_0 = 1$, $t_0 = 1$ setzt

$$\alpha - \beta = -\frac{\sigma^2 e^2}{6} \cos^2\varphi \sin\beta \cos\beta,$$

$$s - \sigma = \frac{\sigma^5 e^4}{90} \cos^4\varphi \sin^2\beta \cos^2\beta,$$

welche letztere Formel die von Bessel in N°. 330 der astronom. Nachr. ohne Herleitung gegebene ist.

Weiter reichende Näherungsformeln kann man für den Fall des Rotationsellipsoids erhalten, wenn man den Reihen 2. eine grössere Ausdehnung giebt. Ich will daher noch die für diesen Fall bis zu den fünften Potenzen von σ ausgeführten Entwickelungen angeben. Sie sind die folgenden:

$$x = \sigma\cos\alpha - \frac{\sigma^3}{6}\varrho r\cos\alpha - \frac{\sigma^4}{24}\frac{e^2\sin\varphi\cos\varphi}{1-e^2}(9r\cos^2\alpha + t\sin^2\alpha)\varrho t$$
$$+ \frac{\sigma^5}{120}\left[\varrho^2 r^3\cos\alpha + 12\varrho r\cos\alpha\left(r^2\cos^2\alpha + t^2\sin^2\alpha - \frac{1-e^2\cos^2\varphi}{1-e^2}\varrho t\right)\right] + \cdots,$$

$$y = \sigma\sin\alpha - \frac{\sigma^3}{6}\varrho t\sin\alpha - \frac{\sigma^4}{3}\frac{e^2\sin\varphi\cos\varphi}{1-e^2}\varrho t\sin\alpha\cos\alpha$$
$$+ \frac{\sigma^5}{120}\left[\varrho^2 t^3\sin\alpha + 12\varrho t\sin\alpha\left(r^2\cos^2\alpha + t^2\sin^2\alpha - \frac{1-e^2\cos^2\varphi}{1-e^2}\varrho t\right)\right] + \cdots,$$

$$z = \frac{\sigma^2}{2}\varrho - \frac{\sigma^3}{2}\frac{e^2\sin\varphi\cos\varphi}{1-e^2}\varrho t\cos\alpha - \frac{\sigma^4}{24}\left[4\varrho(r^2\cos^2\alpha + t^2\sin^2\alpha + 3\frac{1-e^2\cos^2\varphi}{1-e^2}\varrho^2 t\right] + \cdots.$$

wo
$$r = -\frac{(1-e^2\sin^2\varphi)^{\frac{3}{2}}}{1-e^2},$$
$$t = -(1-e^2\sin^2\varphi)^{\frac{1}{2}},$$
$$\varrho = r\cos^2\alpha + t\sin^2\alpha,$$

wobei zu bemerken ist, dass in den höchsten Potenzen der Entwickelungen schon mit e^4 behaftete Glieder vernachlässigt sind.

Ich gehe jedoch hierauf nicht weiter ein, da es hier nur darauf ankam, die ersten Correctionen für die durch Messungen mit Hülfe des verticalen Schnittes bestimmten Grössen unabhängig von der Voraussetzung einer bestimmten Gestalt der vorgelegten Fläche, anzugeben.

Vierter Abschnitt.
Die astronomisch geodätischen Operationen.

§. 25. Bestimmung der Excentricität und Abplattung für jede Polarcoordinate.

In §. 8 haben wir für eine kürzeste Linie auf einer durch Rotation entstandenen Oberfläche folgende Gleichung gefunden

$$r \sin \alpha = r' \sin \alpha'.$$

Uebertragen wir dieselbe auf das Rotationssphäroid, wo $r = \frac{a \cos \varphi}{\sqrt{1 - ee \sin^2 \varphi}}$ ist, so finden wir

$$\frac{\cos \varphi \sin \alpha}{\sqrt{1 - ee \sin^2 \varphi}} = \frac{\cos \varphi' \sin \alpha'}{\sqrt{1 - ee \sin^2 \varphi'}} \quad \text{oder}$$

$$\frac{\sqrt{1 - ee \sin^2 \varphi'}}{\sqrt{1 - ee \sin^2 \varphi}} = \frac{\cos \varphi' \sin \alpha'}{\cos \varphi \sin \alpha}.$$

Setzen wir $\frac{\cos \varphi' \sin \alpha'}{\cos \varphi \sin \alpha} = \cos K$ und erheben zum Quadrat, so erhalten wir

$$\frac{1 - ee \sin^2 \varphi'}{1 - ee \sin^2 \varphi} = \cos^2 K$$

und hieraus folgt

$$ee = \frac{\sin^2 K}{\sin^2 \varphi' - \cos^2 K \sin^2 \varphi} = \frac{\sin^2 K}{\sin^2 \varphi' \sin^2 G},$$

wenn $\frac{\cos K \sin \varphi}{\sin \varphi'} = \cos G$ gesetzt wird.

Nun ist $ee = \frac{a^2 - b^2}{a^2} = 1 - \frac{b^2}{a^2}$, daher

$$\frac{b^2}{a^2} = 1 - ee \quad \text{und} \quad \frac{b}{a} = \sqrt{1 - ee},$$

wir erhalten also die Abplattung

$$\alpha = \frac{a - b}{a} = 1 - \frac{b}{a} = 1 - \sqrt{1 - ee}.$$

Man erkennt leicht, dass jede andere Polarcoordinate eine neue Bestimmung der Excentricität und der Abplattung liefert, und dass alle diese Bestimmungen nur dann einander gleich sein könnten, wenn die Oberfläche der Erde einem richtigen Rotationsellipsoid angehörte und wenn ausserdem sämmtliche Beobachtungen völlig fehlerfrei wären.

Da weder das Eine noch das Andere zutrifft, so müssen wir nothwendig mehr oder weniger abweichende Resultate erhalten, aus denen sich vorläufig beurtheilen lassen wird, ob die gefundenen Abweichungen augenscheinlich über die Grenzen der Beobachtungsfehler der gemessenen Polhöhen und Azimuthe hinausgehen oder nicht. Wenn sich hierauf auch noch kein weiterer Schluss sicher begründen lässt, so werden wir doch dadurch auf diejenigen Punkte aufmerksam gemacht, an welchen wir Abweichungen der Lothlinien vermuthen können.

Unsere nächste Aufgabe wird nun darin bestehen, aus allen gefundenen Abplattungen, mit Ausschluss grösserer Abweichungen, dasjenige Rotationssphäroid zu suchen, dessen Abplattung all' den verschiedenen Abplattungen, die wir gefunden haben, am nächsten kommt. Diese Aufgabe soll im folgenden Paragraphen behandelt werden.

§. 26. Bildung und Ausgleichung des astronomisch geodätischen Netzes der Polarcoordinaten.

Das astronomisch geodätische Dreiecksnetz wird durch die sämmtlichen Sternwarten und astronomisch bestimmten Punkte gebildet, welche durch Polarcoordinaten mit einander in Verbindung gebracht wurden; es ist ein sphäroidisches Dreiecksnetz im grösseren Maassstabe, dessen Genauigkeit nicht von horizontalen Winkelmessungen allein, sondern vorzugsweise von den Polhöhen- und Azimuthal-Bestimmungen abhängig ist.

So wie ein gewöhnliches Dreiecksnetz gewisse Bedingungen zu erfüllen hat, um mathematisch möglich zu werden, wie z. B. die, dass die Summe der drei Winkel eines Dreiecks $= 180° + \varepsilon$ sein muss, und dass in einem Polygon die Rechnung von einer Seite aus, durch das ganze Polygon herum bis wieder zu derselben Seite zurück, für diese ein und dasselbe Resultat geben muss, eben so hat auch das astronomisch geodätische Netz gewisse Bedingungen zu erfüllen, damit es auf der mathematischen Oberfläche, auf die wir es beziehen, ohne Widerspruch möglich werde. So lange wie diese Bedingungen nicht erfüllt sind, können wir eben so wenig sichere Schlüsse auf die Krümmungsverhältnisse der Oberfläche machen, wie wir aus einer nicht ausgeglichenen Dreieckskette Entfernungen und Winkel mit Zuverlässigkeit ableiten können. Erst die Untersuchung über die Fehler einer Messoperation verschafft uns ein Urtheil über die mehr oder mindere Zuverlässigkeit der daraus gezogenen Resultate.

Die Wahrscheinlichkeitsrechnung setzt allerdings nur zufällige Fehlerursachen voraus und ist nicht Herr über constante Fehler oder andere Abweichungen, die ihren Grund ausserhalb unserer Messoperationen haben mögen, allein die wahrscheinlichen Fehler der Messoperationen geben einen annähernd richtigen Maassstab für die Grenzen, über welche die begangenen Fehler nicht wohl hinausgehen können. Wenn wir daher auf Abweichungen stossen, welche augenscheinlich diese Grenzen überschreiten, so werden wir berechtigt sein, sie fremdartigen Ursachen zuschreiben zu dürfen.

Obgleich also die Wahrscheinlichkeitsrechnung uns in Bezug auf locale Abweichungen in der Krümmung der Erdoberfläche keinen directen Aufschluss geben kann, so bietet sie uns doch, nach dem Gesagten, die Mittel dar, diejenigen Abweichungen kennen zu lernen, welche, wie früher schon erwähnt, die Fehlergrenze unserer Messoperationen überschreiten, und damit müssen wir uns vorläufig und so lange begnügen, bis es gelingt, andere Mittel und Wege zu entdecken, die zu einem unmittelbaren Erkennen und Bestimmen führen.

Ob jetzt schon diejenigen Punkte, welche Abweichungen zeigen, nach Bessels Formeln über die Unregelmässigkeiten in der Krümmung der Erdoberfläche (Astron. Nachr. N°. 329, 330 und 331) behandelt werden können, muss späteren Untersuchungen vorbehalten bleiben; zunächst wird es darauf ankommen, diese Punkte kennen zu lernen, und das Netz der Polarcoordinaten so auszugleichen, dass die Lage seiner Punkte auf der Oberfläche eines Rotationssphäroids keinen Widerspruch enthalte.

Die Bedingung der kürzesten Linie auf einer durch Rotation entstandenen Oberfläche ist nach §. 8

$$r \sin \alpha = r' \sin \alpha',$$

wo r und r' die Abstände der Endpunkte dieser Linien von der Drehungsaxe und α und α' die von Nord über Ost von 0 bis 360' gezählten Azimuthe in diesen Punkten sind. Jede Polarcoordinate liefert eine solche Gleichung; jedes Dreieck liefert drei; jede Figur überhaupt so viel Gleichungen als Seiten, Radien oder Diagonalen darin vorkommen.

In Bezug auf das Rotationssphäroid haben wir nun

$$r = \frac{a \cos \varphi}{\sqrt{1 - ee \sin^2 \varphi}} = n \cos \varphi,$$

$$r' = \frac{a \cos \varphi'}{\sqrt{1 - ee \sin^2 \varphi'}} = n' \cos \varphi',$$

wo φ und φ' die Polhöhen, n und n' die Normalen sind. Für diese Werthe geht unsere Bedingungsgleichung zunächst über in

$$\frac{a \cos \varphi \sin \alpha}{\sqrt{1 - ee \sin^2 \varphi}} = \frac{a \cos \varphi' \sin \alpha'}{\sqrt{1 - ee \sin^2 \varphi'}}$$

Setzen wir jetzt die beobachteten Polhöhen und Azimuthe in diese Gleichung, so wird sie, der Beobachtungsfehler wegen, nicht vollständig erfüllt werden. Die beobachteten Grössen bedürfen daher der Verbesserungen, die nach den Forderungen der Wahrscheinlichkeitsrechnung so bestimmt werden müssen, dass die übrigbleibenden Fehler ein Minimum werden.

Die strenge Durchführung der allgemeinen Behandlung dieser Gleichungen nach der Methode der kleinsten Quadrate würde ziemlich verwickelt werden, allein zur Vergleichung mit dem Besselschen Sphäroid, wenn die Beobachtungen näherungsweise mit demselben übereinstimmen, können wir, ohne einen sehr erheblichen Fehler zu begehen, ihnen eine viel einfachere Form geben, wenn wir die Normalen einführen. Eine kleine Aenderung von φ und φ' hat auf die Wurzelgrössen im Nenner fast gar keinen Einfluss. Nach Encke's Tafeln, im Jahrbuch für 1852, beträgt die durchschnittliche Aenderung der Normalen zwischen 38° und 65° Breite, für eine Aenderung der Polhöhe um eine Minute, nur 4 Einheiten in der siebenten Stelle der Logarithmen, woraus hervorgeht, dass der Einfluss der bei den Polhöhen zulässigen Beobachtungsfehler die Logarithmen der Normalen nicht mehr in der siebenten Decimalstelle abändern kann, und da es ohne allen Nutzen sein würde, hier mit mehr als 7 Decimalstellen zu rechnen, so können wir die Normalen als constant ansehen. Unsere Bedingungsgleichung nimmt alsdann folgende ganz einfache Form an

$$n \cos\varphi \sin a = n' \cos\varphi' \sin a' \quad \text{oder}$$

$$1 = \frac{n' \cos\varphi' \sin a'}{n \cos\varphi \sin a}.$$

Bezeichnen wir nun die Aenderungen in Secunden mit $\Delta\varphi'$, $\Delta\varphi$, $\Delta a'$, Δa, so geht diese Gleichung über in

$$1 = \frac{n' \cos(\varphi' + \Delta\varphi') \sin(a' + \Delta a')}{n \cos(\varphi + \Delta\varphi) \sin(a + \Delta a)}$$

und wenn wir die Logarithmen nehmen, so ist $\log\cos(\varphi' + \Delta\varphi') = \log\cos\varphi' - m'\Delta\varphi'$, wo m' die logarithmische Differenz der Tafel für eine Secunde ist. Eben so ist auch $\log\sin(a' + \Delta a') = \log\sin a' + p'\Delta a'$. Unsere Gleichung wird daher

$$0 = \log n' + \log\cos\varphi' + \log\sin a' - m'\Delta\varphi' + p'\Delta a' - \log n - \log\cos\varphi - \log\sin a + m\Delta\varphi - p\Delta a,$$

und wenn wir $\log \frac{n'\cos\varphi'\sin a'}{n\cos\varphi\sin a} = q$ schreiben

$$0 = q - m'\Delta\varphi' + p'\Delta a' + m\Delta\varphi - p\Delta a.$$

Bei der Formation dieser Gleichungen kommen uns die Enckeschen Tafeln sehr zu statten.

Jede Polarcoordinate liefert eine solche Gleichung.

Wenn alle Gleichungen formirt und zusammengestellt sind, so müssen sie nach der Methode der kleinsten Quadrate aufgelöst und die unbekannten Verbesserungen der Polhöhen und Azimuthe bestimmt werden. Fügt man dann die gefundenen Verbesserungen den beobachteten Grössen hinzu, so erfüllen alle Punkte, auf welche die Ausgleichung sich erstreckt, die Bedingung, dass sie auf der Oberfläche des Besselschen Rotationssphäroids liegen. Dasselbe Verfahren kann man auch anwenden, wenn eine Anzahl Punkte irgend einem anderen Sphäroid näherungsweise entsprechen. Man sucht dann die mittlere Excentricität und bestimmt damit den Quotienten

$$\frac{a}{a'} = \frac{\sqrt{1-ee\sin^2\varphi}}{\sqrt{1-ee\sin^2\varphi'}}.$$

§. 27. Uebersicht der gewonnenen Resultate.

Wenn die einzelnen Polarcoordinaten des astronomisch-geodätischen Netzes auf die Kugel übertragen sind, so können wir grösstentheils durch rein sphärische Rechnung folgende Resultate finden:

1. Den sphärischen Längenunterschied ω, nach einer der Formeln unter Gleichung 57., der dann nach der Besselschen Tafel in den sphäroidischen Längenunterschied w verwandelt werden kann.
2. Den sphärischen Abstand der Parallelen nach §. 13, derselbe muss der Secundenzahl nach dem Unterschied der reducirten Breiten gleich sein; ist dies nicht der Fall, so entspricht der zu Grunde gelegte Radius a auch nicht der gemessenen Entfernung und muss so abgeändert werden, dass der Abstand der Parallelen in Secunden dem Unterschied der reducirten Breiten gleich wird.
3. Den Radius des Parallelkreises, der für Sphäre und Sphäroid gleich ist, nach Gleichung 64. und daraus die Länge eines Längengrades in Toisen, oder auch die Länge des Parallelbogens für den Längenunterschied ω.
4. Kann man je zwei beliebige Punkte des Netzes, mit Hülfe ihrer Polhöhen und ihres sphäroidischen Längenunterschiedes, durch die Gleichung des verticalen Schnittes §. 7 mit einander verbinden und für dieselben die unter 1, 2, 3 aufgeführten Grössen bestimmen.
5. Aus den einzelnen sphärischen Bögen, die aber zusammen kein sphärisches Netz bilden, kann das sphäroidische dadurch wieder hergestellt werden, dass man alle a in s verwandelt, Gleichung 51., und alle ω in φ.
6. Nach §. 22 erhält man ee das Quadrat der Excentricität der Meridianellipse an jedem Punkt des Netzes und nach Gleichung 10. die Quadrate der Ex-

centricitäten ee aller unter einem beliebigen Azimuth von diesem Punkt ausgehenden verticalen Schnittellipsen, wenn man die Azimuthe der geodätischen Linien a in die der verticalen Schnitte nach §. 17 verwandelt, nämlich

$$ee = \frac{ee(1-\cos^2 q \sin^2 r)}{1 - ee \cos^2 q \sin^2 r}.$$

7. Für jeden verticalen Schnitt unter dem Azimuth e' hat man nach Gleichung 7.

$$\text{tg}\,\lambda' = \frac{\text{tg}\,\varphi'}{\cos e'}.$$

Das λ des Endpunktes findet man nach §. 16, die Excentricität nach der vorigen Nummer. Setzt man diese Grössen in die Gleichung 34., so findet man a', die halbe grosse Axe der Schnittellipse, und den zugehörigen Krümmungsradius nach §. 4

$$R = \frac{a'(1-ee)}{(1 - ee \sin^2 \lambda')^{\frac{3}{2}}}.$$

8. Setzt man den in 2. gefundenen sphäroidischen Abstand der Parallelen zwischen den Polhöhen φ' und φ, und die in 6. gefundene Excentricität e in die Gleichung 32. §. 6, so findet man die halbe grosse Axe a und den ersten Hauptkrümmungsradius im Meridian

$$\varrho = \frac{a(1-ee)}{(1 - ee\sin^2\varphi')^{\frac{3}{2}}}.$$

9. Den zweiten Hauptkrümmungsradius senkrecht auf den Meridian findet man, wie folgt:

Die Gleichung des verticalen Schnittes §. 7, Gleichung 37. geht für das Azimuth $e' = 90°$ über in

$$\sin\varphi' \cos w \cos\varphi - (1-ee)\cos\varphi' \sin\varphi = \frac{\sqrt{1 - ee\sin^2\varphi}}{\sqrt{1 - ee\sin^2\varphi'}} ee \sin\varphi' \cos\varphi.$$

Ist die Polhöhe eines Punktes φ' und der Längenunterschied w eines anderen Meridians bekannt, so finden wir aus dieser Gleichung die Polhöhe φ, unter welcher der auf den Meridian von φ' senkrechte Schnitt den anderen Meridian schneidet, sehr leicht, wenn wir die Wurzelgrösse, die nur wenig von 1 verschieden ist, zunächst $=1$ annehmen. Wir erhalten dann

$$\text{tg}\,\varphi' \cos w \cos\varphi - (1-ee)\sin\varphi = ee \sin\varphi'$$

und wenn $\dfrac{\text{tg}\,\varphi' \cos w}{1-ee} = \text{tg}\,\psi$ gesetzt wird, so folgt

$$\sin(\psi - \varphi) = \frac{ee \sin\varphi' \cos\psi}{1-ee}.$$

Führt man den hieraus hervorgehenden ersten Näherungswerth von φ in die Wurzelgrösse ein, so findet man

$$\frac{\sqrt{1-ee\sin^2\varphi}}{\sqrt{1-ee\sin^2\varphi'}} = N$$

und damit den zweiten Näherungswerth von φ durch die Gleichung

$$\sin(\psi-\varphi) = \frac{ee\sin\varphi'\cos\varphi N}{1-ee}.$$

Giebt der neue Werth von φ, abermals in die Wurzelgrösse gesetzt, einen von N verschiedenen Werth, so muss der dritte Näherungswerth von φ gesucht werden.

Die Bogenlänge der Schnittcurve wird aus den Polarcoordinaten berechnet.

Ferner haben wir nach Gleichung 7.

$$\operatorname{tg}\lambda' = \frac{\operatorname{tg}\varphi'}{\cos t'} = \frac{\operatorname{tg}\varphi'}{0} = \infty, \quad \text{daher} \quad \lambda' = 90°;$$

λ, am Endpunkt des Bogens, wird nach §. 16 gefunden. ee ist $= \frac{ee\sin^2\varphi'}{1-ee\cos^2\varphi'}$, weil $\sin e' = 1$. Setzen wir diese Werthe in die Gleichung 34., so erhalten wir a', die halbe grosse Axe der Schnittellipse.

Der allgemeine Ausdruck des Krümmungsradius $R = \frac{a'(1-ee)}{(1-ee\sin^2\lambda')^{\frac{3}{2}}}$ (§. 4) wird, da $\lambda' = 90°$ ist, $= \frac{a'}{\sqrt{1-ee}}$ und dies ist der Ausdruck für den zweiten Hauptkrümmungsradius senkrecht auf den Meridian.

Um denselben durch die Elemente der Meridianellipse auszudrücken, finden wir nach Gleichung 8. und für ein Azimuth $= 90°$

$$a' = \frac{a\sqrt{1-ee}}{\sqrt{1-ee\sin^2\varphi'}\cdot\sqrt{1-ee\cos^2\varphi'}}.$$

Der Werth, den wir vorhin für ee gefunden hatten, giebt

$$\sqrt{1-ee} = \frac{\sqrt{1-ee}}{\sqrt{1-ee\cos^2\varphi'}},$$

daraus folgt

$$R = \frac{a'}{\sqrt{1-ee}} = \frac{a}{\sqrt{1-ee\sin^2\varphi'}},$$

d. h. gleich der Normale unter der Polhöhe φ'.

10. Nach §. 25 findet man für jede Polarcoordinate die Excentricität; nach N°. 2 oder nach N°. 8 und 9 die halbe grosse Axe und die beiden Hauptkrümmungs-

radien. — Eine kürzeste Linie nebst den Polhöhen und Azimuthen an ihren Endpunkten, wenn sie nicht im Meridian liegt, reicht daher zur Bestimmung der Dimensionen des Rotationssphäroids vollständig aus. —

11. Auf jedem Punkt des astronomisch-geodätischen Netzes kann der grösste und kleinste Krümmungshalbmesser bestimmt werden.

12. Den verticalen Schnitt unter dem Azimuth v, also auch den für $v = 90°$, können wir beliebig verlängern, und für alle Durchschnitte mit den Meridianen der übrigen Punkte, deren Längenunterschiede w, w', w'' ... bekannt sind, die Polhöhen φ, φ', φ'' ... und die Winkel λ, λ', λ'' ... bestimmen. Die Bogenstücke der Schnittellipse zwischen den einzelnen Meridianen können aus den Polarcoordinaten ganz eben so berechnet werden, wie diese aus den Triangulationen berechnet wurden. Auf diese Weise können wir in jedem Schnitt mehrere Gleichungen von der Form der Gleichung 34. bilden, in denen alle Grössen bis auf a' und $\varepsilon\varepsilon$ bekannt sind. Aus je zwei dieser Gleichungen kann a' und $\varepsilon\varepsilon$ bestimmt werden, aus denen sich dann a und ee ergeben. Wir können also unter jedem Azimuth v eine Gradmessung ganz analog, wie im Meridian, ausführen.

Fünfter Abschnitt.
Praktische Anwendungen der Theorie.

§. 23. Die trigonometrischen Reihen.

Da die in der Praxis vorkommenden Erdbögen in den meisten Fällen nur klein sind, so finden die Reihen nicht blos häufig eine vortheilhafte Anwendung, sondern sie sind auch unter Umständen zur Erzielung richtiger Resultate unentbehrlich, besonders wenn es sich um die Bestimmung trigonometrischer Functionen auf mehr Decimalstellen handelt, als in den gewöhnlichen Tafeln angegeben sind.

Bei zehnstelligen Logarithmentafeln ist der Gebrauch der Reihen oft bequemer als die Interpolation nach den Tafeln und bei Verwandlung des Logarithmus einer trigonometrischen Function in den Logarithmus einer anderen spart man beträchtlich an Zeit.

Aus diesen Gründen lasse ich die am häufigsten vorkommenden Reihen hier folgen.

1. $\sin x = x - \frac{x^3}{6} + \frac{x^5}{120} - \frac{x^7}{5040} + \frac{x^9}{362880} - \frac{x^{11}}{39916800} + \cdots,$

2. $\cos x = 1 - \frac{x^2}{2} + \frac{x^4}{24} - \frac{x^6}{720} + \frac{x^8}{40320} - \frac{x^{10}}{3628800} - \cdots,$

3. $\operatorname{tg} x = x + \frac{x^3}{3} + \frac{x^5}{15} + \frac{17x^7}{315} + \frac{62x^9}{2835} + \frac{1382x^{11}}{155925} + \cdots,$

4. $\cot g\, x = \frac{1}{x} - \frac{x}{3} - \frac{x^3}{45} - \frac{2x^5}{945} - \frac{x^7}{4725} - \frac{2x^9}{93555} - \frac{1382 x^{11}}{638512875} + \cdots,$

5. $x = \sin x + \frac{\sin^3 x}{1.2.3} + \frac{1.3\sin^5 x}{1.2.4.5} + \frac{1.3.5\sin^7 x}{1.2.4.6.7} + \frac{1.3.5.7\sin^9 x}{1.2.4.6.8.9} + \cdots,$

6. $x = \frac{\pi}{2} - \left\{\cos x + \frac{\cos^3 x}{1.2.3} + \frac{1.3\cos^5 x}{1.2.4.5} + \frac{1.3.5\cos^7 x}{1.2.4.6.7} + \frac{1.3.5.7\cos^9 x}{1.2.4.6.8.9} + \cdots\right\},$

7. $x = \operatorname{tg} x - \tfrac{1}{3}\operatorname{tg}^3 x + \tfrac{1}{5}\operatorname{tg}^5 x - \tfrac{1}{7}\operatorname{tg}^7 x + \tfrac{1}{9}\operatorname{tg}^9 x - \cdots,$

8. $x = \frac{1}{\cot g\, x} - \frac{1}{3\cot g^3 x} + \frac{1}{5\cot g^5 x} - \cdots.$

Hieraus sind die logarithmischen Reihen sehr leicht abzuleiten. Schreibt man z. B. die Reihe 5., wie folgt, $x = \sin x \left(1 + \frac{\sin^2 x}{6} + \frac{3\sin^4 x}{40} + \cdots\right)$ und setzt

$$X = \frac{\sin^2 x}{6} + \frac{3\sin^4 x}{40} + \cdots,$$

so erhält man

$$\log x = \log \sin x + \log(1 + X).$$

Nun ist

$$\log(1+X) = M\left\{X - \frac{X^2}{2} + \frac{X^3}{3} - \frac{X^4}{4} + \cdots\right\},$$

$$\log(1-X) = -M\left\{X + \frac{X^2}{2} + \frac{X^3}{3} + \frac{X^4}{4} + \cdots\right\}.$$

Setzt man für X den dafür angenommenen Werth, so findet man die nachfolgende vierte Reihe und analog die Umwandlung in Logarithmen aller übrigen, nämlich

$$\log \sin x = \log x - \frac{Mx^2}{6} - \frac{Mx^4}{2^2 \cdot 3^2 \cdot 5} - \frac{Mx^6}{3^2 \cdot 5 \cdot 7 \cdot 9} - \frac{Mx^8}{3^2 \cdot 5^2 \cdot 7 \cdot 8} - \frac{Mx^{10}}{3^2 \cdot 5^2 \cdot 7 \cdot 9 \cdot 11} \cdots,$$

$$\log \cos x = -\frac{Mx^2}{2} - \frac{Mx^4}{3 \cdot 4} - \frac{Mx^6}{3 \cdot 9} - \frac{17 Mx^8}{5 \cdot 7 \cdot 8 \cdot 9} - \frac{31 Mx^{10}}{2^2 \cdot 7 \cdot 9} \cdots,$$

$$\log \operatorname{tg} x = \log x + \frac{Mx^2}{3} + \frac{7 Mx^4}{9 \cdot 10} + \frac{62 Mx^6}{5 \cdot 7 \cdot 9} + \frac{127 Mx^8}{3 \cdot 4 \cdot 5 \cdot 7 \cdot 9} + \frac{146 Mx^{10}}{3 \cdot 5^2 \cdot 9^2 \cdot 11} + \cdots,$$

$$\log x = \log \sin x + \frac{M \sin^2 x}{6} + \frac{11 M \sin^4 x}{180} + \frac{191 M \sin^6 x}{5670} + \cdots,$$

$$\log x = \log \operatorname{tg} x - \frac{M \operatorname{tg}^2 x}{3} + \frac{13 M \operatorname{tg}^4 x}{90} - \frac{251 M \operatorname{tg}^6 x}{2835} + \frac{621 M \operatorname{tg}^8 x}{9450} \cdots,$$

$$\log \sin x = \log \operatorname{tg} x - \frac{M \operatorname{tg}^2 x}{2} + \frac{M \operatorname{tg}^4 x}{4} - \frac{M \operatorname{tg}^6 x}{6} + \frac{M \operatorname{tg}^8 x}{8} \cdots,$$

$$\log \operatorname{tg} x = \log \sin x + \frac{M \sin^2 x}{2} + \frac{M \sin^4 x}{4} + \frac{M \sin^6 x}{6} + \frac{M \sin^8 x}{8} + \cdots.$$

§. 29. Behandlung des Polygons Berlin, Trunz, Königsberg, Memel nach §. 25. Vergleichung mit dem Bessel'schen Sphäroid. Abweichung der Lothlinie in Königsberg.

I. Ausgleichung des Polygons.

Durch meine Küstenvermessung steht die Bessel'sche Gradmessung mit Berlin in Verbindung, so dass die vollständigen Polarcoordinaten des erwähnten Vierecks berechnet werden konnten. Die Polhöhe von Berlin ist von Encke bestimmt und das Azimuth habe ich im Jahre 1859 gemessen. Die astronomischen Bestimmungen von Trunz, Königsberg und Memel sind aus der Gradmessung entnommen.

a. Polarcoordinaten, wie sie aus den Beobachtungen in Verbindung mit den Dreieckskelten nach §. 23 gefunden wurden.

Station Berlin Sternwarte, Centrum des Heliometers.
Polhöhe $\varphi = 52°30'16'',68$.

Namen der Punkte	Azimuthe der verticalen Schnitte	Entfernungen *s* Log.	in Toisen
Nordpunkt	0° 0′ 0″		
Memel	51 27 2,276	5,5011348,4	317055,167
Königsberg	59 33 4,782	5,4345773,0	272005,261
Trunz	62 31 15,582	5,3643847,0	231411,373

Station Trunz, Dreieckspunkt.
Polhöhe $\varphi = 54°13'11'',466$.

Nordpunkt	0° 0′ 0″		
Memel	30 8 16,031	5,0012822,2	100295,678
Königsberg	48 9 52,532	4,6296286,0	42621,487
Berlin	247 26 56,301	5,3643847,0	231411,373

Station Königsberg Sternwarte, Centrum des Passageninstrumentes.
Polhöhe $\varphi = 54°42'50'',50$.

Nordpunkt	0° 0′ 0″		
Memel	18 28 44,819	4,7867802,4	61204,061
Trunz	228 56 52.332	4,6296286,0	42621,487
Berlin	245 16 16,636	5,4345773,0	272005,261

Station Memel Steinpfeiler.
Polhöhe $\varphi = 55°43'40'',446$.

Nordpunkt	0° 0′ 0″		
Königsberg	198 58 15,301	4,7867802,4	61204,061
Trunz	211 24 59,040	5,0012822,2	100295,678
Berlin	237 41 41,474	5,5011348,4	317055,167

4. Verwandlung der Azimuthe der verticalen Schnitte in die Azimuthe der geodätischen Linien nach Gl. 81., und der sphärischen Polhöhen y in die sphärischen u, nach Bessels Dimensionen der Erde.

Station Berlin.   u = 52° 24' 42",991.

Nordpunkt	0°	0'	0"
Memel	51	27	1,905
Königsberg	59	33	4,538
Trunz	62	31	15,416

Station Trunz.   u = 54° 7' 43",700.

Nordpunkt	0°	0'	0"
Memel	30	8	16,031
Königsberg	48	9	52,532
Berlin	247	26	56,450

Station Königsberg.   u = 54° 37' 24",652.

Nordpunkt	0°	0'	0"
Memel	18	29	44,819
Trunz	228	56	52,332
Berlin	245	16	16,852

Station Memel.   u = 55° 38' 18",858.

Nordpunkt	0°	0'	0"
Königsberg	198	58	15,301
Trunz	211	24	59,040
Berlin	237	41	41,805

c. Vorläufige Bestimmung der Abplattungen für Berlin, Trunz und Memel.

Nach §. 25 finden wir die Abplattung für Berlin - Memel $= \frac{1}{305,1}$

$$- \quad - \quad - \text{Trunz} = \frac{1}{296,3}$$

$$- \text{Trunz - Memel} = \frac{1}{294,3}$$

$$\text{im Mittel} \quad \frac{1}{294,9}.$$

Diese Abplattung kommt der Besselschen so nahe, dass es geboten erscheint, dieselbe festzuhalten, und alle übrigen Punkte darauf zurückzuführen.

d. Formation der Bedingungsgleichungen und Auflösung derselben.

Nach §. 26 hat jede Polarcoordinate, wenn sie auf einem Rotationssphäroid liegen soll, die Bedingung

$$1 = \frac{n' \cos\varphi' \sin\alpha'}{n \cos\varphi \sin\alpha}$$

zu erfüllen. n' und n sind die Normalen, welche für das Besselsche Sphäroid aus Enckes Tafeln genommen werden können.

I. Memel — Berlin.

$\varphi' = 55^\circ\ 43'\ 40'',446 + (2)$	$\varphi = 52^\circ\ 30'\ 16'',68 + (1)$
$\alpha' = 237^\circ\ 41'\ 41'',805 + (a_2)$	$\alpha = 51^\circ\ 27'\ 1'',905 + (a_1)$
$l.n' = 0.0009919,7$	$l.n = 0,0009142,1$
$l.\cos\varphi' = 9,7506038,2 - 30,9(2)$	$l.\cos\varphi = 9,7844013,3 - 27,4(1)$
$l.\sin\alpha' = 9,9269670.0 + 13,3(a_2)$	$l.\sin\alpha = 9.8932458.0 + 16,8(a_1)$
$\overline{9.6785627,9}$	$\overline{9,6785613,4}$

$$0 = +14,5 + 27,4(1) - 30,9(2) - 16,8(a_1) + 13,3(a_2).$$

II. Königsberg — Berlin.

$\varphi' = 54^\circ\ 42'\ 50'',50 + (3)$	$\varphi = 52^\circ\ 30'\ 16'',68 + (1)$
$\alpha' = 245^\circ\ 16'\ 16'',852 + (a_3)$	$\alpha = 59^\circ\ 33'\ 4'',538 + (a_1)$
$l.n' = 0,0009678,4$	$l.n = 0,0009142,1$
$l.\cos\varphi' = 9,7616706,1 - 29,7(3)$	$l.\cos\varphi = 9,7844013,3 - 27,1(1)$
$l.\sin\alpha' = 9,9582288,5 + 9,7(a_3)$	$l.\sin\alpha = 9.9355490,3 + 12,4(a_1)$
$\overline{9.7208673,0}$	$\overline{9,7208645,7}$

$$0 = +27,3 + 27,4(1) - 29,7(3) - 12,4(a_1) + 9,7(a_3).$$

III. Trunz — Berlin.

$\varphi' = 54^\circ\ 13'\ 11'',466 + (4)$	$\varphi = 52^\circ\ 30'\ 16'',68 + (1)$
$\alpha' = 247^\circ\ 26'\ 56'',450 + (a_4)$	$\alpha = 62^\circ\ 31'\ 15'',416 + (a_1)$
$l.n' = 0.0009559,8$	$l.n = 0,0009142,1$
$l.\cos\varphi' = 9,7669157,2 - 29,2(4)$	$l.\cos\varphi = 9,7844013,3 - 27,4(1)$
$l.\sin\alpha' = 9,9654550,8 + 8,8(a_4)$	$l.\sin\alpha = 9,9480115,6 + 11,0(a_1)$
$\overline{9.7333267,8}$	$\overline{9,7333271,0}$

$$0 = -3,2 + 27,4(1) - 29,2(4) - 11,0(a_1) + 8,8(a_4).$$

IV. Memel — Trunz.

$\varphi' = 55° 43' 40'',446 + (2)$ $\varphi = 54° 13' 11'',466 + (4)$
$\alpha' = 211° 24' 59'',040 + (a_2)$ $\alpha = 30° 8' 16'',031 + (a_4)$
$l.n' = 0,0009919,7$ $l.n = 0,0009559,8$
$l.\cos\varphi' = 9,7506038,2 - 30,9(2)$ $l.\cos\varphi = 9,7669157,2 - 29,2(4)$
$l.\sin\alpha' = 9,7170493,0 + 34,4(a_2)$ $l.\sin\alpha = 9,7007739,3 + 36,2(a_4)$
$\overline{9,4686450,9}$ $\overline{9,4686456,3}$

$0 = -5,4 - 30,9(2) + 29,2(4) + 34,4(a_2) - 36,2(a_4).$

V. Königsberg — Trunz.

$\varphi' = 54° 42' 50'',50 + (3)$ $\varphi = 54° 13' 11'',466 + (4)$
$\alpha' = 288° 56' 52'',332 + (a_3)$ $\alpha = 48° 9' 52'',532 + (a_4)$
$l.n' = 0,0009678,4$ $l.n = 0,0009559,8$
$l.\cos\varphi' = 9,7616706,1 - 29,7(3)$ $l.\cos\varphi = 9,7669157,2 - 29,2(4)$
$l.\sin\alpha' = 9,8774360,7 + 18,3(a_3)$ $l.\sin\alpha = 9,8721935,6 + 18.8(a_4)$
$\overline{9,6400745,2}$ $\overline{9,6400652,6}$

$0 = +92,6 - 29,7(3) + 29,2(4) + 18,3(a_3) - 18,8(a_4).$

VI. Memel — Königsberg.

$\varphi' = 55° 43' 40'',446 + (2)$ $\varphi = 54° 42' 50'',50 + (3)$
$\alpha' = 198° 58' 15'',301 + (a_2)$ $\alpha = 18° 28' 44'',819 + (a_3)$
$l.n' = 0,0009919,7$ $l.n = 0,0009678,4$
$l.\cos\varphi' = 9,7506038,2 - 30,9(2)$ $l.\cos\varphi = 9,7616706,1 - 29,7(3)$
$l.\sin\alpha' = 9,5120011,4 + 61.2(a_2)$ $l.\sin\alpha = 9,5010030,6 + 63,0(a_3)$
$\overline{9,2635969,3}$ $\overline{6,2636415,1}$

$0 = -445,8 - 30,9(2) + 29,7(3) + 61,2(a_2) - 63,0(a_3).$

Betrachtet man die Fehler dieser 6 Gleichungen, so stellt sich heraus, dass dieselben in II., V. und VI., in denen Königsberg vorkommt, ganz ungewöhnlich gross sind, während sie in den drei übrigen nur unbedeutend erscheinen. Hiernach lässt sich vermuthen, dass in Königsberg eine Ablenkung der Lothlinie stattfinden müsse. Wollten wir also alle 4 Punkte nach der Methode der kleinsten Quadrate ausgleichen, so würden Berlin, Trunz und Memel offenbar grössere Verbesserungen erhalten, als ihnen an und für sich zukommen. Aus diesem Grunde werde ich diese 3 Punkte zuerst für sich allein behandeln und demnächst die Abweichung von Königsberg gegen dieselben bestimmen.

Aus den Gleichungen I., III. und IV. erhalten wir die Verbesserungen ausgedrückt durch die Factoren, wie folgt

$$(1) = +27,4\,I + 27,4\,III$$
$$(2) = -30,9\,I - 30,9\,IV$$
$$(4) = -29,2\,III + 29,2\,IV$$
$$(a_1) = -16,8\,I - 11,0\,III$$
$$(a_2) = +13,3\,I + 34,4\,IV$$
$$(a_4) = + 8,8\,III - 36,2\,IV.$$

Setzt man diese Ausdrücke der Verbesserungen in die Bedingungsgleichungen, so erhält man die Endgleichungen

$$0 = +14,5 + 2164,70\,I + 935,56\,III + 1412,33\,IV$$
$$0 = - 3,2 + 935,56\,I + 1801,84\,III - 1171,20\,IV$$
$$0 = - 5,4 + 1412,33\,I - 1171,20\,III + 4301,25\,IV.$$

Die Auflösung derselben giebt die Factoren

$$I = -0,038860; \quad III = +0,037743; \quad IV = +0,024292$$

und damit findet man die Verbesserungen

der Polhöhen

$(1) = -0'',031;$
$(2) = +0'',450;$
$(4) = -0'',393;$

der Azimuthe

$(a_1) = +0'',238$
$(a_2) = +0'',319$
$(a_4) = -0'',547.$

Werden diese Verbesserungen den beobachteten Polhöhen und Azimuthen in Berlin, Trunz und Memel hinzugefügt, so entsprechen sie ihren Bedingungsgleichungen; setzt man sie aber in die Bedingungsgleichungen II., V. und VI., so gehen dieselben über in

$$II. \quad 0 = + 23,516 - 29,7\,(3) + 9,7\,(a_3)$$
$$V. \quad 0 = + 91,417 - 29,7\,(3) + 18,3\,(a_3)$$
$$VI. \quad 0 = - 440,197 + 29,7\,(3) - 63,0\,(a_3).$$

Werden diese Gleichungen nach der Methode der kleinsten Quadrate behandelt, so erhält man die Endgleichungen

$$+16487,361 = 2646,27\,(3) - 2702,70\,(a_3)$$
$$-29633,447 = -2702,70\,(3) + 4397,98\,(a_3).$$

Die Auflösung derselben giebt die Verbesserung

des Königsberger Azimuths $(a_3) = -7'',813,$
der Königsberger Polhöhe $(3) = 1'',749,$

welche Verbesserungen den Beobachtungen hinzugefügt werden müssen, wenn die Lage von Königsberg mit den übrigen Punkten dem Besselschen Sphäroid nahe kommen soll.

Während die Verbesserungen, welche für die drei anderen Punkte gefunden wurden, innerhalb der möglichen Grenzen der Beobachtungsfehler liegen, geben die für Königsberg weit darüber hinaus und constatiren demnach für die Königsberger Sternwarte eine Abweichung der Lothlinie.

Werden die Verbesserungen (1), (2) ... den Polhöhen direct, die Verbesserungen (a_1), (a_2) ... den Nordpunkten mit entgegengesetztem Zeichen hinzugefügt, und die verbesserten Polhöhen zugleich nach der Formel $\operatorname{tg} u = \operatorname{tg}\varphi\sqrt{1-ee}$ in die sphärischen verwandelt, so erhalten wir die folgende für die Besselsche Excentricität gültige Zusammenstellung

Station Berlin. $\varphi = 52°\ 30'\ 16'',649$; $u = 52°\ 24'\ 42'',961$.

Nordpunkt	0°	0'	$-0'',238$
Memel	51	27	1,905
Königsberg	59	33	4,538
Trunz	62	31	15,416.

Station Trunz. $\varphi = 54°\ 13'\ 11'',073$; $u = 54°\ 7'\ 43'',306$.

Nordpunkt	0°	0'	$+0'',547$
Memel	30	8	16,031
Königsberg	48	9	52,532
Berlin	247	26	56,450.

Station Königsberg. $\varphi = 54°\ 42'\ 48'',751$; $u = 54°\ 37'\ 22'',901$.

Nordpunkt	0°	0'	$+7'',813$
Memel	18	28	44,819
Trunz	228	56	52,332
Berlin	245	16	16,852.

Station Memel. $\varphi = 55°\ 43'\ 40'',896$; $u = 55°\ 38'\ 19'',308$.

Nordpunkt	0°	0'	$-0'',319$
Königsberg	198	58	15,301
Trunz	211	24	59,040
Berlin	237	41	41,805.

II. Berechnung des Abstandes der Parallelen zwischen Berlin und Memel. — Vergleichung der Erdaxen.

a. Verwandlung der geodätischen Linie s in σ nach §. 10

Gegeben: $u' = 52^\circ\ 24'\ 42'',961$; $a' = 51^\circ\ 27'\ 2'',143$; $\log s = 5,5011348,4$

l. sin u' = 9,8989536.0   log e = 8,9122052,0
l. cos u' = 9,7853156,9   Cpl l. $\sqrt{1-ee}$ = 0,0014541,8
l. cos a' = 9,7946199,4   l. cos m = 9,9439282,9
l. sin a' = 9,8932462.0   Argum. = 8,8575876,7

l. cos m sin M = 9,8989536.0
l. cos m cos M = 9.5799356,3
l. sin m = 9,6785618,9

l. tg M = 0,3190179.7 ... M = 64° 22' 20'',402

l. sin M = 9.9550253,1
l. cos m = 9,9439282,9.

Mit dem obigen Argument findet man in den Besselschen Tafeln durch Interpolation die Constanten α, β, γ

l. α = 5.3138624,6   l. β = 2,126417   l. γ = 8,635
l. s = 5,5011348,4   l. cos(2M+σ) = 9,844175. l. cos(4M+σ) = 8,385.
Cpl b = 3,4866306,4   l. sin σ = 8.986520   l. sin 2σ = 9.285
―――――――――   ―――――――――   ――――――
4,3016279.4   1.257112.   6.305.
1st Annäh. 20027'',555   −18''.076
           −18.076
―――――――――
2ter Annäh. 20009,479   σ = 5° 33' 29'',479
                             2M = 128 44 40.801
                             2M+σ = 134 18 10.283   l. β = 2,426417
                                                       l. cos(2M−σ) = 9.844136.
                                                       l. sin σ = 8.986129
                                                       ――――――――
                                                       1,256682.
                                                       −18.059
                                                       5 33 47.555
                                                       σ = 5° 33' 29'',496

nach den Besselschen Dimensionen der Erde l. sin σ = 8.9861296,3.

b. Berechnung der Meridiandifferenz.

Nimmt man nach §. 13 in dem Meridian von Berlin einen Punkt Q (Fig. 10), der mit Memel gleiche Polhöhe hat, so kommt es darauf an, das Dreieck Q Memel Berlin mit der Grundlinie Berlin—Memel $= \sigma$ aufzulösen. Gegeben sind:

$$\begin{aligned}
\text{Berlin}-Q &= (u-u') = & 3^0\ 13'\ 36''{,}347 \\
\text{Azimuth} & \quad a' = & 51\ 27\ \ 2{,}143 \\
\text{Bogen Berlin}-\text{Memel} &= & 5\ 33\ 29{,}496 \\
\text{Azimuth in Memel} & \quad a = & 237\ 41\ 42{,}124.
\end{aligned}$$

Hieraus findet man den sphärischen Excess $\varepsilon = 0''\ 7'\ 20''{,}740$ den Winkel bei $Q = \frac{1}{2}(a-a'+\varepsilon)$; den $\angle$ bei Memel $x = 180^0 - \frac{1}{2}(a+a'-\varepsilon)$, also

Q	93° 11' 0'',361	Cpl sin $= 0{,}0006707{,}4$	$0{,}0006707{,}4$
Memel	35 29 18,236	l. sin $\sigma = 8{,}9861296{,}3$	$8{,}9861296{,}3$
Berlin	51 27 2,143	l. sin $M = 9{,}7638307{,}0$	l. sin $R = 9{,}8932462{,}0$
	180 7 20,740	l. sin$(\sigma) = 8{,}7506310{,}7$	l. sin $MQ = 8{,}8800465{,}8$

Meridiandifferenz $(\sigma) = 3^0\ 13'\ 42''{,}139$; $\sigma' = 4^0\ 21'\ 3''{,}516$.

c. Bestimmung der Erdaxe.

Vergleichen wir die Meridiandifferenz, welche sich aus den beobachteten Polhöhen ergiebt, mit der, welche aus der Vermessung gefunden wurde, so erhalten wir

$$\begin{aligned}
u-u' &= 3^0\ 13'\ 36''{,}347 = 11616''{,}347 \\
(\sigma) &= 3^0\ 13'\ 42''{,}139 = 11622''{,}139 \\
\hline
&\text{Diff.} = 5''{,}792.
\end{aligned}$$

Wäre diese Differenz Null geworden, so entspräche die Besselsche halbe grosse Axe a als Radius dem sphärischen Dreieck Berlin Q Memel vollkommen. Da dies aber nicht der Fall ist, und da die Länge des Bogens Berlin Memel als Resultat der Vermessung sich nicht ändern darf, so muss der Radius so abgeändert werden, dass diese Differenz verschwindet. Verwandeln wir die Bögen in Secunden und bezeichnen den neuen Radius mit a', so muss sein

$$11622{,}139 \cdot a = 11616{,}347 \cdot a'.$$

Hieraus folgt

$$\begin{aligned}
\text{l. } a' &= 6{,}5150400{,}3; & a' &= 3273708'{,}6 \\
\text{l. } a'\sqrt{1-ee} &= \text{l. } b' = 6{,}5135858{,}5; & b' &= 3262765'{,}3.
\end{aligned}$$

Während also die Besselsche Excentricität nahe genug mit den astronomischen Beobachtungen in Berlin, Trunz und Memel übereinstimmt, ist die halbe grosse Axe zu klein und muss um $1631^7,5$ vergrössert werden, wenn sie der gemessenen Entfernung Berlin Memel so genügen soll, dass der sphärische Abstand der Parallelen in dem Dreieck Berlin Q Memel den astronomisch beobachteten der reducirten Breite gleich werde.

Das Sphäroid, dem die Lage unserer Punkte nahe kommt, hat also die Axen a' und b' und die Excentricität des Besselschen.

d. Verwandlung der geodätischen Linien s ... in σ ... mit der neuen Axe b'.

Die Rechnung, welche unter *a.* mit der Besselschen halben kleinen Axe b geführt wurde, muss nun mit der halben kleinen Axe b' wiederholt werden, und wenn sie auf alle übrigen geodätischen Linien ausgedehnt wird, so findet man für die halbe kleine Axe b'

für Berlin — Memel $\sigma = 5° 33' 19'',525$
- Berlin — Königsberg $\sigma = 4\ 45\ 58,315$
- Berlin — Trunz $\sigma = 4\ 3\ 17,824$
- Trunz — Memel $\sigma = 1\ 45\ 26,265$
- Trunz — Königsberg $\sigma = 0\ 44\ 48,475$
- Königsberg — Memel $\sigma = 1\ 4\ 20,464$

e. Berechnung des Abstandes der Parallelen.

Mit dem neuen Werth von σ muss die Berechnung des Dreiecks Q Memel Berlin wiederholt werden. Man findet den sphärischen Excess $\varepsilon = 0'7'20'',519$ und damit das verbesserte Dreieck

Q $93° 11'\ 0,250$ Cpl sin $0,0006707,3$ $0,0006707,3$
Memel $35\ 29\ 18,126$ $8,9859138,2$ $8,9859138,2$
Berlin $51\ 27\ 2,143$ $9,7638303,7$ $9,8932462,0$
         ———————   ———————
         $7'20,519$ l.sin$(\sigma) = 8,7504449,2$ l.sin$MQ = 8,8795307,5$
                              $(\sigma) = 3° 13' 36'',349.$

Dass (σ) um $0'',002$ grösser als $u - u'$ gefunden wurde, liegt nur daran, dass die Rechnung mit siebenstelligen Tafeln geführt wurde; wir nehmen daher $(\sigma) = u - u'$.

Nach §. 10 Gleichung 51. ist der sphäroidische Abstand der Parallelen, weil im Meridian $M = u'$, $\alpha' = 0$ und $\cos m = 1$ ist,

$$S = \frac{b'}{a}\{(\sigma) - \beta\cos(2u' + (\sigma))\sin(\sigma) - \gamma\cos(4u' + 2(\sigma))\sin 2(\sigma) - \cdots\},$$

$u' = 52°24'42'',961$; $2u' + (\sigma) = 108°3'2'',269$; $4u' + 2(\sigma) = 216°6'4'',5$.

Aus den Besselschen Tafeln findet man für das Argument l. $\frac{e}{\sqrt{1-ee}} = 8,9136593,9$ die Constanten

$l.\alpha = 5,3136970,5$ $l.\beta = 2,538231,$ $l.\gamma = 8,859,$
$l.\cos(2u' + (\sigma)) = 9,491162,$ $l.\cos(4u' + 2(\sigma)) = 9,907,$
$l.\sin(\sigma) = 8,750415$ $l.\sin 2(\sigma) = 9,051$
$\overline{0,779809}$ $\overline{7,817}$
$+ 6'',023$
$+ 0'',007$
$(\sigma) = 3^{\circ} 13' 36'',347$
$\{\ \} = 3^{\circ} 13' 42'',377 \ldots \ldots \ldots \log 4,0652949,6$
$l.b' = 6,5135861,5$
$\text{Cpl}\,\alpha = 4,6863029,5$
$\overline{\log S = 5,2651810,6}$

Abstand der Parallelen von Berlin und Memel $= 184155^{T},24$ zwischen den Polhöhen $\varphi' = 52^{\circ} 30' 16'',649$ und $\varphi = 55^{\circ} 43' 40'',896$.

III. Berechnung der Längenunterschiede und der Längen der Parallelkreise.

a. Sphärische Längenunterschiede

$$\sin \omega = \frac{\sin u' \sin \sigma}{\cos u}$$

Berlin — Memel $\omega = 7^{\circ} 42' 32'',487$
Berlin — Königsberg $\omega = 7\ \ 6\ 25,481$
Berlin — Trunz $\omega = 6\ \ 8\ 45,732$
Trunz — Memel $\omega = 1\ 33\ 47,438$
Trunz — Königsberg $\omega = 0\ 57\ 39,887$
Königsberg — Memel $\omega = 0\ 36\ 7,612.$

Wird ω in Gradtheilen ausgedrückt, so ist die Länge des Parallelkreises $= \omega'' \cdot a' \cos u \cdot \frac{\pi}{180}$ und die Länge von $1''$ dieses Parallelkreises $= a' \cos u \cdot \frac{\pi}{180}$.

Für Berlin — Memel ist $\omega'' = 7'',7090244$

$u' = 52^{\circ} 24' 42'',961;$ $u = 55^{\circ} 36' 19'',309$
$l.\omega'' = 0,8869993,7$ $0,8869993,7$
$l.\frac{a'\pi}{180} = 4,7569174,0$ $4,7569174,0$
$l.\cos u' = 9,7853156,9$ $l.\cos u = 9,7515911,3$
$\overline{5,4292324,6}$ $\overline{5,3955112,0}$
$l.\frac{a'\pi}{180}\cos u' = 4,5422329,9$ $4,5085118,3$

— 114 —

Man erhält also die Länge des Parallelbogens auf dem Sphäroid zwischen den Meridianen von Berlin und Memel

in der Polhöhe 52°30′16″,649 = 268678^T,21; 1″ = 34852^T,423
- - - 55°43′40″,896 = 248605^T,77; 1″ = 32248^T,669.

Bilden wir jetzt nach §. 13 Fig. 10 die Dreiecke Q—Königsberg—Berlin und Q'—Berlin—Königsberg, so erhalten wir

$Q = 92°53′54″,885$ Cpl sin 0,0005559,9   0,0005559,9
$x = 27\ 37\ 45,846$ l. sin σ = 8,9195485,9   8,9195485,9
Berlin = 59 33 4,776 l. sin x = 9,6662815,9   l. sin B = 9,9355493,2
180° 4′45″,507   l. sin QB = 8,5863891,7   l. sin QK = 8,8556539,0
                                                   $QK = 4°6′46″,488$

$Q' = 67°10′58″,280$ 0,0005251,8   0,0005251,7
$y = 27°37′53″,305$ 8,9195485,9   8,9195485,9
$K = 65°16′9″,039$ 9,6663153,9   9,9582212,7
                       l. sin $Q'K$ = 8,5863891,5 l. sin $Q'B$ = 8,8782950,3
                                                   $Q'B = 4°20′0″,346$

l. sin ½QK = 8,5549037,0   l. sin ½$Q'B$ = 8,5775756,2
l. a' = 6,5150400,3   = 6,5150400,3
Cpl sin ½ω = 1,2077399,8 − 1,2077399,8
l. r = 6,2776837,1   l. r = 6,3003556,3
l. $\frac{n}{180}$ = 8,2418773,7   = 8,2418773,7
l. 1″ = 4,5195610,8   l. 1″ = 4,5422330,0

für φ = 54°42′48″,751 die Länge 1″ = 33079^T,663
- φ = 52°30′16″,649 - - 1″ = 34852^T,424

mit der vorhin aus Berlin—Memel gefundenen Grösse übereinstimmend.

Für die übrigen Punkte findet man die entsprechenden Werthe in gleicher Weise.

b. Sphärische Längenunterschiede.

Hier sind nur nach Bessels Tafeln die Reductionen zu berechnen, welche an den sphärischen Längenunterschieden angebracht werden müssen, um die sphäroidischen zu erhalten.

Für Berlin—Memel finden wir unter II. a. log cos m und log sin m

l. cos m = 9,9439282,9
l. $\frac{ey'^2}{\sqrt{1-}ee}$ = 8,8508255,6   l. $\frac{ee}{\sqrt{1-}ee}$ = 7,825137 l. y.
Argum. = 8,7947538,5

Mit diesem Argument findet man in den Tafeln die Constanten

$l. a' = 9,698689$ $l. \beta' = 1,824$
$l. -\sin m = 9,678562$ $9,679.$
$l. \mu = 7,825137$ $7,825$
$l. \sigma = 4,301020$ $l. \cos(2M+\sigma)\sin\sigma = 8,830.$
$\overline{1,503408.}$ $\overline{8,158}$
$-31'',872$
$+ 0'',014$
$\overline{-31'',858}$ Reduction.

Eben so findet man für Berlin — Königsberg $-30'',129$
Berlin — Trunz $-26,379$
Trunz — Memel $- 6,215$
Trunz — Königsberg $- 3,919$
Königsberg — Memel $- 2,365.$

Werden diese Verbesserungen den sphärischen Längenunterschieden hinzugefügt, so erhält man die sphäroidischen.

Berlin — Memel $w = 7° 42' \; 0'',629$
Berlin — Königsberg $w = 7 \;\; 5 \;\; 55,352$
Berlin — Trunz $w = 6 \;\; 8 \;\; 19,353$
Trunz — Memel $w = 1 \; 33 \; 41,223$
Trunz — Königsberg $w = 0 \; 57 \; 35,969$
Königsberg — Memel $w = 0 \; 36 \;\; 5,247.$

c. Bestimmung des Längenunterschiedes zwischen Berlin und Königsberg aus den ursprünglichen Beobachtungen.

Berlin   Königsberg
$u' = 52° 24' 42'',99$ $u = 54° 37' 24'',65$
$a' = 59° 33' \; 4'',538$ $a = 245° 16' 16'',952$ §. 29. b.

$$\operatorname{tg} \tfrac{1}{2}w = \frac{\sin\tfrac{1}{2}(u'-u)}{\cos\tfrac{1}{2}(u'-u)} \operatorname{tg}\tfrac{1}{2}(a'+a)$$

$l. \sin\tfrac{1}{2}(u'-u) = 8,2855215,5.$
$l. \operatorname{tg}\tfrac{1}{2}(a'+a) = 0,2818836,7.$
$Cpl \cos\tfrac{1}{2}(u'+u) = 0.2257940,9$
$\overline{l. \operatorname{tg}\tfrac{1}{2}w = 8,7931993,1} \ldots \tfrac{1}{2}w = 3° 33' 15'',7826$

$\omega = 7^u\ 6'\ 31'',565$
sphäroid. Cor. $-30'',129$

$w = 7^u\ 6'\ 1'',436$ in Bogen $0^r\ 28'\ 24'',096$ in Zeit
nach Encke telegraphisch gemessen $0^r\ 28'\ 24'',1$
  Diff. $0'',004$.

Für die Lage von Königsberg auf dem regelmässigen Sphäroid, nach den gemessenen Entfernungen bestimmt, fanden wir

$w = 7^u\ 5'\ 55'',352$ in Bogen $0^r\ 28'\ 23'',690$ in Zeit
Unterschied $6'',084$ in Bogen $0'',406$ in Zeit.

Durch die Abweichung der Königsberger Lothlinie ist also der beobachtete Zeitunterschied zwischen Berlin und Königsberg um $0'',406$ Zeit zu gross.

Wir erhalten daher die Lage der Königsberger Sternwarte:

    1. Aus den astronomischen Bestimmungen

Polhöhe   Länge östlich von Berlin
$54^u\ 42'\ 50'',50$ $7^u\ 6'\ 1'',436$
    $7^u\ 6'\ 1'',5$ telegr.

    2. Auf dem regelmässigen Sphäroid

Polhöhe   Länge östlich von Berlin
$54^u\ 42'\ 48'',751$ $7^u\ 5'\ 55'',352$.

Die Meridiandifferenz beider Positionen ist $= 1'',749 = 27^T,7449$
die Längendifferenz $- \quad - \quad - = 6'',084 = 55^1,9047$.
Daraus findet man die Entfernung beider Punkte $= 62^r,411$
das Azimuth in 1. oder im wahren Punkt $= 243°36'20''$
$- \quad - \quad - 2.$ oder auf dem regelm. Sphäroid $= 63°36'19''$

Man kann sich daher die Abweichung so vorstellen, als ob die Königsberger Lothlinie aus ihrer Lage auf dem regelmässigen Sphäroid unter dem Azimuth $63°36'19''$, sich um $62^r,411$ oder um einen Winkel von $3'',924$ nach ONO. fortbewegt habe.

Von einer Ablenkung durch Anziehung der Bergmassen, die sich über den Horizont erheben, kann bei Königsberg nicht die Rede sein, und da Memel und Trunz davon nicht berührt werden, so ist sie auf einen verhältnissmässig engen Raum beschränkt; das Centrum der Ablenkung kann daher auch nicht sehr tief liegen. Nimmt man an, dass aus dem Inneren der Erde eine dichtere geschmolzene Masse, durch die ungleichförmige Bewegung des Flüssigen unter der festen Rinde, mit grosser Gewalt gegen dieselbe drückt, sie sprengt, oder in schon vorhandenen

Spalten aufsteigt und erstarrt, so übt diese Masse beim Aufsteigen einen Druck in westlicher Richtung aus, weil sie eine geringere Geschwindigkeit mitbringt. Nach der Erstarrung nimmt sie aber als dichtere Masse, vermöge des grösseren Abstandes von der Drehungsaxe, den sie eingenommen hat, ein grösseres Moment der Bewegung an und drückt nun nach Osten. Da die Erdrinde nicht absolut fest ist, so wird sie erst dem Druck nach Westen nachgeben, und dann schiebt sich die dichtere Masse nach Osten; es wird daher eine Spalte oder Thalbildung entstehen, oder auch eine schon vorhandene Spalte erweitert und durch die veränderten Dichtigkeitsverhältnisse in beiden Fällen eine Ablenkung der Lothlinie herbeigeführt werden. — Sollte auf diese Weise das Pregelthal entstanden sein, an dessen nordwestlichem Rande Königsberg liegt?

§. 30. Bestimmung der Erddimensionen aus der Polarcoordinate Berlin—Trunz.

Gegeben: nach §. 29, a. $\log s = 5{,}3643847{,}0$

	Berlin	Trunz
	$\varphi' = 52° \ 30' \ 16'',68$	$\varphi = 54° \ 13' \ 11'',466$
§. 29, b.	$\alpha' = 62° \ 31' \ 15'',416$	$\alpha = 247° \ 26' \ 56'',450$

a. Berechnung der Excentricität und der reducirten Breiten nach §. 25.

$$\frac{\cos\varphi \sin\alpha}{\cos\varphi' \sin\alpha'} = \cos K; \quad \frac{\cos K \sin\varphi'}{\sin\varphi} = \cos G; \quad ee = \frac{\sin^2 K}{\sin^2\varphi \sin^2 G}$$

$l.\cos\varphi \sin\alpha = 9{,}7323708{,}0$
$l.\cos\varphi' \sin\alpha' = 9{,}7324128{,}9$

$\quad l.\cos K = \overline{9{,}9999579{,}1} \ldots K = 0° \ 47' \ 53'',0$
$\quad l.\sin\varphi' = 9{,}8994936{,}2$
$\quad \text{Cpl}\sin\varphi = 0{,}0908361{,}7$
$\quad l.\cos G = \overline{9{,}9902880{,}0} \ldots G = 12° \ 4' \ 19'',333$

$l.\sin^2 K = 6{,}2877928{,}0 \qquad\qquad 1-\sqrt{1-ee} = 0{,}0033752$
$\text{Cpl}\sin^2\varphi \sin^2 G = 1{,}5407932{,}6 \qquad\qquad l. = 7{,}5282995$
$l.ee = \overline{7{,}8285860{,}6} \qquad\qquad l.a = \text{Cpl} = 2{,}4717005$

$\qquad\qquad\qquad\qquad\qquad\qquad \text{Abplattung } a = \dfrac{1}{296{,}28}$

$\sqrt{1-ee} = 9{,}9985317{,}1 \qquad\qquad 9{,}9985317{,}1$
$l.\text{tg}\varphi' = 0{,}1150922{,}9 \qquad\qquad l.\text{tg}\varphi = 0{,}1422179{,}1$
$l.\text{tg} u' = 0{,}1136240{,}0 \qquad\qquad l.\text{tg} u = 0{,}1407795{,}2$

$\qquad u' = 52° \ 24' \ 39'',770 \qquad\qquad u = 54° \ 7' \ 40'',523.$

4. Verwandlung von s in σ.

l. sin u' = 9,8989484,3	l. cos m = 9,9247502.3
l. cos u' = 9,7853244.3	l. $\frac{e}{\sqrt{1-ee}}$ = 8,9157613.2
l. cos α' = 9,6641004.7	
l. sin α' = 9,9480115,6	Argum. = 8,8405115.5

l. cos m sin M = 9,8989484.3
l. cos m cos M = 9,4494249,0
        l. sin m = 9,7333359,9
         l. tg M = 0,4495235,3 ... M = 70° 26′ 41″,337.

Zur Bestimmung von b nehmen wir vorläufig die Besselsche halbe grosse Axe und finden damit l. $\sqrt{1-ee} \cdot a$ = l. b = 6,5133552,4 und mit dem obigen Argument in Bessels Tafeln die Constanten α, β und γ

l. α = 5,3139049.9	l. β = 2,39235	l. γ = 8.567
l. s = 5,3643847,0	l. cos(2M+σ) = 9,01310.	l. cos(4M+2σ) = 9,532
Cpl b = 3,4866447.6	l. sin σ = 8.85014	l. sin 2σ = 9.150
l. σ = 4,1649344,5	1,15559.	7,249
	−14,308	+0,002

1ᵗᵉ σ = 4″ 3′ 39″,564
        −14.308
2ᵗᵉ σ = 4″ 3′ 25″,256

                  l. β = 2,39235
        l. cos(2M+σ) = 9,91308.
            l. sin σ = 8.84972
                     1,15515.
                    −14,294
                     +0,002
                    −14,292
                4″ 3′ 39″,564
           Werth von σ = 4″ 3′ 25″,272.

Dieses σ gehört der Besselschen halben Axe a zu und es kommt nun darauf an, zu untersuchen, welcher Werth der Axe der gemessenen Entfernung s entspricht.

c. Bestimmung der Erdaxen.

Nehmen wir nach §. 13, Fig. 10 einen Punkt Q im Meridian von Berlin an, der mit Trunz gleiche Polhöhe, also auch gleiche reducirte Breite hat, so haben wir zur Bestimmung des sphärischen Dreiecks Berlin–Q–Trunz

$$BQ = u - u' = (\sigma) = 1° \ 43' \ 0'',753$$
$$\text{Berlin} - \text{Trunz} = \sigma = 4 \ \ \ 3 \ \ 25,272$$
$$a' \qquad\qquad = 62 \ \ 31 \ \ 15,416.$$

Hieraus finden wir den halben sphärischen Excess $\tfrac{1}{2}\epsilon = 0'' \ 1' \ 37'',092$, den Winkel bei Trunz

$$x = 180° - \tfrac{1}{2}(a' + a - \epsilon) = 25° \ \ 2' \ 31'',159$$
$$a - 180° = 67 \ \ 26 \ \ 56,450$$
$$\angle \text{ bei } Q = 92 \ \ 29 \ \ 27,609$$

und nun das Dreieck

$Q = \ 92°29'27'',609$	Cpl sin $= 0,0004105,8$	$0,0004105,8$
$x = \ 25 \ \ 2 \ 31,159$	l. sin $\sigma = 8,8497215,5$	$8,8497215,5$
$B = \ 62 \ 31 \ 15,416$	l. sin $x = 9,6266301,3$	l. sin $B \ 9,9480115,6$
$\overline{180 \ \ 3 \ 14,184}$	l. sin $BQ = 8,4767622,6$	l. sin $TQ = 8,7981436,9$
	$BQ = 1°43'3'',757$;	$TQ = 3°36'1'',17$.

Aus der gemessenen Entfernung Berlin–Trunz finden wir also $BQ = u - u'$ um $3''$ zu gross, woraus folgt, dass die angenommene halbe Axe a zu klein war. Nennen wir die neue Axe a', so muss sein $6180'',753 \cdot a' = 6183'',757 \cdot a$. Hiernach finden wir

$$\text{l. } a' = 6,5150344,9$$
$$\text{l.} \sqrt{1 - ee} = 9,9985317,1$$
$$\overline{\text{l. } b' = 6,5135662,0.}$$

Diese Axen und die unter a. gefundene Excentricität entsprechen der Polarcoordinate Berlin–Trunz.

d. Bestimmung von σ für die halbe kleine Axe b'.

Die Rechnung zur Verwandlung von s in σ muss jetzt mit b' wiederholt werden

l. $s \cdot n = 0,6782596,9$	l. $\beta = 2.39235$	l. $\gamma = 8.567$
Cpl $b' = 3,4864338,0$	l. $\cos(2M + \alpha) = 9,91307,$	l. $\cos(4M + 2\alpha) = 9,532$
l. $\sigma = 4,1647234,9$	l. $\sin \alpha = 8,84951$	l. $\sin 2\sigma = 9,150$
	$\overline{1,15493,}$	$\overline{7,249}$
$1°$ $\sigma = 4°3'32'',464$		
$-14'',292$	$-14'',287$	
$2°$ $\sigma = 4°3'18'',172$	$+ \ 0'',002$	
	$\overline{-14'',285}$	
	$4° \ 3' \ 32'',464$	
	$\sigma = 4°3'18'',179.$	

Mit dem neuen σ muss nun auch die Rechnung unter $b.$ wiederholt werden. Man findet dann $\frac{1}{2}\varepsilon = 0''1'37'',045$ und

$Q = 92°29'27'',562$ 0.0004105,8   0.0004105,8
$x = 25\ 2\ 31,112$ 8.8195109,2   8.8195109,2
$B = 62\ 31\ 15,416$ 9.6266299,2   9,9480115.6
$\overline{180°\ 3'14'',090}$ $l.\sin(\sigma) = \overline{8,4765514,2}$ $l.\sin QT = \overline{8,7979330,6}$
$u - u' = (\sigma) = 1''43'0'',755$ $QT = 3°36'1'',166.$

Eben so findet man für einen Punkt Q' im Meridian von Trunz und in gleicher Polhöhe mit Berlin den sphärischen Excess $\frac{1}{2}\varepsilon' = 0''1'41'',026$ und das Dreieck

$Q' = 87°\ 33'\ 50'',509$ 0,0003926,5   0,0003926,5
$y = 25\ \ 2\ \ 35,093$ 8,8195109,2   8,8195109,2
$T = 67\ \ 26\ \ 56,450$ 9,6266178,7   9,9654550,8
    $l.\sin(\sigma) = \overline{8.4765514,4}$ $l.\sin Q'B = \overline{8,8153586,5}$
    $Q'B = 3°\ 44'\ 52'',534.$

c. Berechnung des Längenunterschiedes und der Längengrade.

Für den sphärischen Längenunterschied haben wir die einfachen Formeln

$$\operatorname{tg} \tfrac{1}{2}\omega = \frac{\cotg Q}{\sin u} = \frac{\cotg Q'}{\sin u'}$$

$l.\cotg Q = 8,6385230,0$ $l.\cotg Q' = 8,6288110,5$
$l.\sin u = 9,9086604,9$ $l.\sin u' = 9,8989194,5$
$l.\operatorname{tg}\tfrac{1}{2}\omega = \overline{8,7298625,1}$ $l.\operatorname{tg}\tfrac{1}{2}\omega = \overline{8.7298626,0}$
$\tfrac{1}{2}\omega = 3°\ 4'\ 22'',9494$ $\tfrac{1}{2}\omega = 3°\ 4'\ 22'',952$

im Mittel $\omega = 6°\ 8'\ 45'',902 = 6°,1460839.$

Die Reduction auf den sphäroidischen Längenunterschied wird mit Hülfe der Besselschen Tafeln berechnet:

$l.\cos m = 9,9217502,3$
$l.\dfrac{e\sqrt{1}}{\sqrt{1-\tfrac{1}{4}ee}} = 8,8529239,2$
$\overline{8,7776741,5}$ Argument

$l.\alpha' = 9.698711$ $l.\beta' = 1.789$
$l.-\sin m = 9,733336.$ $9,733.$
$l.\dfrac{ee}{\sqrt{1-\tfrac{1}{4}ee}} = 7,829319$ $7,829$
$l.\sigma = 4.164299$ $l.\cos(2M+\sigma)\sin\sigma = 8,763.$
$\overline{1,425665.}$ $\overline{8,114}$

$$-26,648$$
$$+0,013$$
Reduct. $-26,635.$

Man erhält daher den sphäroidischen Längenunterschied zwischen Berlin und Trunz
$$w = 6^{\circ}\ 8'\ 19'',267.$$

Nach §. 13 finden wir ferner den Radius des Parallelkreises und die Grösse des Längengrades

l. sin ½ QT = 8,4971174.7	l. sin ½ Q'B = 8,5145609.7
l. a' = 6,5150344.9	6,5150344.9
l. der halben Sehne p = 5,0121519,6	= 5,0295954.6
l. sin ½ ω 8,7292375.1	= 8,7292376.2
l. Radius des Parallels r = 6,2829144.5	= 6,3003578.4
l. $\frac{\pi}{180}$ = 8,2418773.7	= 8,2418773.6
l. Länge eines Grades L = 4,5247918,2	= 4,5422352.0
1° im Parallel v. Trunz = 33490^T,493	im Parallel v. Berlin 34852^T.600
l. ω'' = 0,7885984.7	0,7885984.7
l. Lω'' = 5,3133902.9	= 5,3308336.7

Längenbogen
in der Breite v. Trunz = 205773^T,88   in der Breite v. Berlin = 214207^T.01.
Diese Angaben gelten für die beobachteten Polhöhen, also
in Trunz für $\varphi = 54^{\circ}\ 13'\ 11''.466$;   in Berlin für $\varphi = 52^{\circ}\ 30'\ 16''.68$.

Bessels Tafeln zur Berechnung der geodätischen Vermessungen.

Arg.	Log. a	Diff.	Log. β	Diff.	Log. γ	Diff.	Log. a'	Diff.	Log. β'	Diff.
6,400	5,314 42513	1	7,5124	2000			9,698970	0	7,035	200
6,500	5,314 42512	0	7,7124	2000			9,698970	0	7,235	200
6,600	5,314 42512	1	7,9124	2000			9,698970	0	7,435	200
6,700	5,314 42511	2	8,1124	2000			9,698970	0	7,635	200
6,800	5,314 42509	3	8,3124	2000			9,698970	0	7,835	200
6,900	5,314 42506	4	8,5124	2000			9,698970	0	8,035	200
7,000	5,314 42502	6	8,7124	2000			9,698970	0	8,235	200
7,100	5,314 42496	10	8,9124	2000			9,698970	0	8,435	200
7,200	5,314 42486	16	9,1124	2000			9,698970	0	8,635	200
7,300	5,314 42470	25	9,3124	2000			9,698970	0	8,835	200
7,400	5,314 42445	40	9,5124	2000			9,698970	1	9,035	200
7,500	5,314 42405	5	9,7124	200			9,698969	0	9,235	20
7,510	5,314 42400	6	9,7324	200			9,698969	0	9,255	20
7,520	5,314 42394	5	9,7524	200			9,698969	0	9,275	20
7,530	5,314 42389	6	9,7724	200			9,698969	0	9,295	20
7,540	5,314 42383	6	9,7924	200			9,698969	0	9,315	20
7,550	5,314 42377	7	9,8124	200			9,698969	0	9,335	20
7,560	5,314 42370	7	9,8324	200			9,698969	0	9,355	20
7,570	5,314 42363	7	9,8524	200			9,698969	0	9,375	20
7,580	5,314 42356	7	9,8724	200			9,698969	0	9,395	20
7,590	5,314 42349	8	9,8924	200			9,698969	0	9,415	20
7,600	5,314 42341	8	9,9124	200			9,698969	0	9,435	20
7,610	5,314 42333	8	9,9324	200			9,698969	0	9,455	20
7,620	5,314 42325	9	9,9524	200			9,698969	0	9,475	20
7,630	5,314 42316	10	9,9724	200			9,698969	0	9,495	20
7,640	5,314 42306	9	9,9924	200			9,698969	0	9,515	20
7,650	5,314 42297	11	0,0124	200			9,698969	1	9,535	20
7,660	5,314 42286	10	0,0324	200			9,698968	0	9,555	20
7,670	5,314 42276	11	0,0524	200			9,698968	0	9,575	20
7,680	5,314 42265	12	0,0724	200			9,698968	0	9,595	20
7,690	5,314 42253	12	0,0924	200			9,698968	0	9,615	20
7,700	5,314 42241	13	0,1124	200			9,698968	0	9,635	20
7,710	5,314 42228	14	0,1324	200			9,698968	0	9,655	20
7,720	5,314 42214	14	0,1524	200			9,698968	0	9,675	20
7,730	5,314 42200	15	0,1724	200			9,698968	0	9,695	20
7,740	5,314 42185	15	0,1924	200			9,698968	0	9,715	20
7,750	5,314 42170	16	0,2124	200			9,698968	0	9,735	20
7,760	5,314 42154	17	0,2324	200			9,698968	1	9,755	20
7,770	5,314 42137	18	0,2524	200			9,698967	0	9,775	20
7,780	5,314 42119	18	0,2724	200			9,698967	0	9,795	20
7,790	5,314 42101	20	0,2924	200			9,698967	0	9,815	20
7,800	5,314 42081	20	0,3124	200			9,698967	0	9,835	20
7,810	5,314 42061	22	0,3324	200			9,698967	0	9,855	20
7,820	5,314 42039	22	0,3524	200			9,698967	0	9,875	20
7,830	5,314 42017	23	0,3724	200			9,698967	0	9,895	20
7,840	5,314 41994	25	0,3924	200			9,698967	1	9,915	20
7,850	5,314 41969	25	0,4124	200			9,698966	0	9,935	20
7,860	5,314 41944	27	0,4324	200			9,698966	0	9,955	20
7,870	5,314 41917	28	0,4524	200			9,698966	0	9,975	20
7,880	5,314 41889	30	0,4724	200			9,698966	0	9,995	20
7,890	5,314 41859	31	0,4924	200			9,698966	1	0,015	20
7,900	5,314 41828		0,5124				9,698965		0,035	

Arg.	Log. α	Diff.	Log. β	Diff.	Log. γ	Diff.	Log. α'	Diff.	Log. β'	Diff.
7,900	5,314 41828	32	0,51235	2000			9,698965	0	0,035	20
7,910	5,314 41796	34	0,53235	2000			9,698965	0	0,055	20
7,920	5,314 41762	35	0,55235	2000			9,698965	0	0,075	20
7,930	5,314 41727	37	0,57235	2000			9,698965	0	0,095	20
7,940	5,314 41690	39	0,59235	2000			9,698965	1	0,115	20
7,950	5,314 41651	41	0,61235	2000			9,698964	0	0,135	20
7,960	5,314 41610	42	0,63235	2000			9,698964	0	0,155	20
7,970	5,314 41568	45	0,65235	2000			9,698964	1	0,175	20
7,980	5,314 41523	47	0,67235	1999			9,698963	0	0,195	20
7,990	5,314 41476	48	0,69234	2000			9,698963	0	0,215	20
8,000	5,314 41428	52	0,71234	2000			9,698963	1	0,235	20
8,010	5,314 41376	53	0,73234	2000			9,698962	0	0,255	20
8,020	5,314 41323	56	0,75234	2000			9,698962	0	0,275	20
8,030	5,314 41267	59	0,77234	2000			9,698962	1	0,295	20
8,040	5,314 41208	61	0,79234	2000			9,698961	0	0,315	20
8,050	5,314 41147	65	0,81234	2000			9,698961	1	0,335	20
8,060	5,314 41082	67	0,83234	2000			9,698960	0	0,355	20
8,070	5,314 41015	71	0,85234	1999			9,698960	0	0,375	20
8,080	5,314 40944	74	0,87233	2000			9,698960	1	0,395	20
8,090	5,314 40870	77	0,89233	2000			9,698959	0	0,415	20
8,100	5,314 40793	81	0,91233	2000			9,698959	1	0,435	20
8,110	5,314 40712	85	0,93233	2000			9,698958	1	0,455	20
8,120	5,314 40627	89	0,95233	2000			9,698957	0	0,475	20
8,130	5,314 40538	93	0,97233	1999			9,698957	1	0,495	20
8,140	5,314 40445	98	0,99232	2000			9,698956	0	0,515	20
8,150	5,314 40347	102	1,01232	2000			9,698956	1	0,535	20
8,160	5,314 40245	107	1,03232	2000			9,698955	1	0,555	20
8,170	5,314 40138	112	1,05232	2000			9,698954	1	0,575	20
8,180	5,314 40026	117	1,07232	1999			9,698953	0	0,595	20
8,190	5,314 39909	123	1,09231	2000			9,698953	1	0,615	20
8,200	5,314 39786	128	1,11231	2000			9,698952	1	0,635	20
8,210	5,314 39658	135	1,13231	2000			9,698951	1	0,655	20
8,220	5,314 39523	141	1,15231	1999			9,698950	1	0,675	20
8,230	5,314 39382	147	1,17230	2000			9,698949	1	0,695	20
8,240	5,314 39235	155	1,19230	2000			9,698948	1	0,715	20
8,250	5,314 39080	162	1,21230	1999	6,207	40	9,698947	1	0,735	20
8,260	5,314 38918	169	1,23229	2000	6,247	40	9,698946	1	0,755	20
8,270	5,314 38749	177	1,25229	2000	6,287	40	9,698945	1	0,775	20
8,280	5,314 38572	186	1,27229	1999	6,327	40	9,698944	2	0,795	20
8,290	5,314 38386	195	1,29228	2000	6,367	40	9,698942	1	0,815	20
8,300	5,314 38191	203	1,31228	1999	6,407	40	9,698941	1	0,835	20
8,310	5,314 37988	213	1,33227	2000	6,447	40	9,698940	2	0,855	20
8,320	5,314 37775	224	1,35227	2000	6,487	40	9,698938	1	0,875	20
8,330	5,314 37551	234	1,37227	1999	6,527	40	9,698937	2	0,895	20
8,340	5,314 37317	244	1,39226	2000	6,567	40	9,698935	1	0,915	20
8,350	5,314 37073	257	1,41226	1999	6,607	40	9,698934	2	0,935	20
8,360	5,314 36816	268	1,43225	2000	6,647	40	9,698932	2	0,955	20
8,370	5,314 36548	281	1,45225	1999	6,687	40	9,698930	2	0,975	20
8,380	5,314 36267	295	1,47224	1999	6,727	40	9,698928	2	0,995	20
8,390	5,314 35972	308	1,49223	2000	6,767	40	9,698926	2	1,015	20
8,400	5,314 35664		1,51223		6,807		9,698924		1,035	

Arg.	Log. α	Diff.	Log. β	Diff.	Log. γ	Diff.	Log. α'	Diff.	Log. β'	Diff.
8,400	5,314 35684	323	1,51223	1999	6,807	40	9,698924	2	1,035	20
8,410	5,314 35341	338	1,53222	1999	6,847	40	9,698922	2	1,055	20
8,420	5,314 35003	353	1,55221	2000	6,887	40	9,698920	2	1,075	20
8,430	5,314 34650	371	1,57221	1999	6,927	40	9,698918	3	1,095	20
8,440	5,314 34279	388	1,59220	1999	6,967	40	9,698915	2	1,115	20
8,450	5,314 33891	406	1,61219	1999	7,007	40	9,698913	3	1,135	20
8,460	5,314 33485	425	1,63218	2000	7,047	40	9,698910	3	1,155	20
8,470	5,314 33060	446	1,65218	1999	7,087	40	9,698907	3	1,175	20
8,480	5,314 32614	466	1,67217	1999	7,127	40	9,698904	3	1,195	20
8,490	5,314 32148	489	1,69216	1999	7,167	40	9,698901	3	1,215	20
8,500	5,314 31659	511	1,71215	1999	7,207	40	9,698898	4	1,235	20
8,510	5,314 31148	535	1,73214	1999	7,247	40	9,698894	3	1,255	20
8,520	5,314 30613	561	1,75213	1999	7,287	40	9,698891	4	1,275	20
8,530	5,314 30052	587	1,77212	1998	7,327	40	9,698887	4	1,295	20
8,540	5,314 29465	615	1,79210	1999	7,367	40	9,698883	4	1,315	20
8,550	5,314 28850	644	1,81209	1999	7,407	40	9,698879	4	1,335	20
8,560	5,314 28206	674	1,83208	1999	7,447	40	9,698875	5	1,355	20
8,570	5,314 27532	705	1,85207	1999	7,487	40	9,698870	5	1,375	20
8,580	5,314 26827	739	1,87205	1999	7,527	40	9,698865	5	1,395	20
8,590	5,314 26088	774	1,89204	1999	7,567	40	9,698860	5	1,415	20
8,600	5,314 25314	810	1,91202	1999	7,607	40	9,698855	5	1,435	20
8,610	5,314 24504	848	1,93201	1999	7,647	39	9,698850	6	1,455	20
8,620	5,314 23656	889	1,95199	1998	7,686	40	9,698844	6	1,475	20
8,630	5,314 22767	930	1,97197	1998	7,726	40	9,698838	6	1,495	20
8,640	5,314 21837	973	1,99195	1998	7,766	40	9,698832	6	1,515	20
8,650	5,314 20864	1020	2,01193	1998	7,806	40	9,698826	7	1,535	20
8,660	5,314 19844	1068	2,03191	1998	7,846	40	9,698810	7	1,555	20
8,670	5,314 18776	1118	2,05189	1998	7,886	40	9,698812	8	1,575	20
8,680	5,314 17658	1170	2,07187	1998	7,926	40	9,698804	7	1,595	20
8,690	5,314 16488	1226	2,09185	1997	7,966	40	9,698797	9	1,615	20
8,700	5,314 15262	1283	2,11182	1998	8,006	40	9,698788	8	1,635	19
8,710	5,314 13979	1344	2,13180	1997	8,046	40	9,698780	9	1,654	20
8,720	5,314 12635	1406	2,15177	1997	8,086	40	9,698771	10	1,674	20
8,730	5,314 11229	1473	2,17174	1997	8,126	40	9,698761	9	1,694	20
8,740	5,314 09756	1543	2,19171	1997	8,166	40	9,698752	11	1,714	20
8,750	5,314 08213	1615	2,21168	1997	8,206	40	9,698741	10	1,734	20
8,760	5,314 06598	1690	2,23165	1996	8,246	40	9,698731	12	1,754	20
8,770	5,314 04908	1771	2,25161	1997	8,286	40	9,698719	11	1,774	20
8,780	5,314 03137	1853	2,27158	1996	8,326	40	9,698708	13	1,794	20
8,790	5,314 01284	1941	2,29154	1996	8,366	40	9,698695	13	1,814	20
8,800	5,313 99343	1004	2,31150	995	8,406	19	9,698682	6	1,834	10
8,805	5,313 98339	1028	2,32148	998	8,425	20	9,698676	7	1,844	10
8,810	5,313 97311	1051	2,33146	998	8,445	20	9,698669	7	1,854	10
8,815	5,313 96260	1076	2,34144	998	8,465	20	9,698662	7	1,864	10
8,820	5,313 95184	1101	2,35142	998	8,485	20	9,698655	8	1,874	10
8,825	5,313 94083	1127	2,36140	998	8,505	20	9,698647	7	1,884	10
8,830	5,313 92956	1152	2,37138	997	8,525	20	9,698640	8	1,894	10
8,835	5,313 91804	1180	2,38135	998	8,545	20	9,698632	8	1,904	10
8,840	5,313 90624	1207	2,39133	998	8,565	20	9,698624	8	1,914	10
8,845	5,313 89417	1234	2,40131	997	8,585	20	9,698616	8	1,924	10
8,850	5,313 88183		2,41128		8,605		9,698608		1,934	

Arg.	Log. α	Diff.	Log. β	Diff.	Log. γ	Diff.	Log. α'	Diff.	Log. β'	Diff.
8,850	5,313 88183	1264	2,412280	9975	8,605	20	9,698608	9	1,934	10
8,855	5,313 86919	1293	2,421255	9974	8,625	20	9,698599	8	1,944	10
8,860	5,313 85626	1323	2,431229	9974	8,645	20	9,698591	9	1,954	10
8,865	5,313 84303	1353	2,441203	9973	8,665	20	9,698582	9	1,964	10
8,870	5,313 82950	1385	2,451176	9972	8,685	20	9,698573	9	1,974	10
8,875	5,313 81565	1417	2,461148	9972	8,705	20	9,698564	10	1,984	10
8,880	5,313 80148	1450	2,471120	9971	8,725	20	9,698554	9	1,994	10
8,885	5,313 78698	1484	2,481091	9971	8,745	20	9,698545	10	2,004	10
8,890	5,313 77214	1518	2,491062	9969	8,765	20	9,698535	10	2,014	9
8,895	5,313 75696	1553	2,501031	9970	8,785	19	9,698525	11	2,023	10
8,900	5,313 74143	1590	2,511001	9968	8,804	20	9,698514	10	2,033	10
8,905	5,313 72553	1626	2,520969	9968	8,824	20	9,698504	11	2,043	10
8,910	5,313 70927	1664	2,530937	9966	8,844	20	9,698493	11	2,053	10
8,915	5,313 69263	1702	2,540903	9966	8,864	20	9,698482	12	2,063	10
8,920	5,313 67561	1742	2,550869	9965	8,884	20	9,698470	11	2,073	10
8,925	5,313 65819	1783	2,560834	9965	8,901	20	9,698459	12	2,083	10
8,930	5,313 64036	1824	2,570799	9964	8,924	20	9,698447	12	2,093	10
8,935	5,313 62212	1866	2,580763	9963	8,944	20	9,698435	13	2,103	10
8,940	5,313 60346	1909	2,590726	9962	8,964	20	9,698422	12	2,113	10
8,945	5,313 58437	1953	2,600688	9961	8,984	20	9,698410	13	2,123	10
8,950	5,313 56484	1999	2,610649	9960	9,004	20	9,698397	14	2,133	10
8,955	5,313 54485	2045	2,620609	9960	9,024	20	9,698383	13	2,143	10
8,960	5,313 52440	2093	2,630569	9958	9,044	20	9,698370	14	2,153	10
8,965	5,313 50347	2141	2,640527	9957	9,064	19	9,698356	14	2,163	10
8,970	5,313 48206	2191	2,650484	9957	9,083	20	9,698342	15	2,173	10
8,975	5,313 46015	2241	2,660441	9955	9,103	20	9,698327	15	2,183	10
8,980	5,313 43774	2293	2,670396	9955	9,123	20	9,698312	15	2,193	10
8,985	5,313 41481	2347	2,680351	9953	9,143	20	9,698297	16	2,203	9
8,990	5,313 39134	2400	2,690304	9952	9,163	20	9,698281	16	2,212	10
8,995	5,313 36734	2457	2,700256	9952	9,183	20	9,698265	16	2,222	10
9,000	5,313 34277	2513	2,710208	9950	9,203	20	9,698249	17	2,232	10
9,005	5,313 31764	2571	2,720158	9949	9,223	20	9,698232	17	2,242	10
9,010	5,313 29193	2631	2,730107	9947	9,243	20	9,698215	18	2,252	10
9,015	5,313 26562	2691	2,740054	9947	9,263	20	9,698197	18	2,262	10
9,020	5,313 23871	2754	2,750001	9945	9,283	19	9,698179	18	2,272	10
9,025	5,313 21117	2818	2,759946	9944	9,302	20	9,698161	19	2,282	10
9,030	5,313 18299	2883	2,769890	9943	9,322	20	9,698142	19	2,292	10
9,035	5,313 15416	2949	2,779833	9941	9,342	20	9,698123	20	2,302	10
9,040	5,313 12467	3018	2,789774	9941	9,362	20	9,698103	20	2,312	10
9,045	5,313 09449	3087	2,799715	9939	9,382	20	9,698083	20	2,322	10
9,050	5,313 06362	3159	2,809654	9937	9,402	20	9,698063	21	2,332	10
9,055	5,313 03203	3232	2,819591	9936	9,422	19	9,698042	22	2,342	9
9,060	5,312 99971	3306	2,829527	9934	9,441	20	9,698020	22	2,351	10
9,065	5,312 96665	3383	2,839461	9933	9,461	20	9,697998	22	2,361	10
9,070	5,312 93282	3460	2,849394	9931	9,481	20	9,697976	23	2,371	10
9,075	5,312 89822	3541	2,859325	9930	9,501	20	9,697953	24	2,381	10
9,080	5,312 86281	3623	2,869255	9929	9,521	20	9,697929	24	2,391	10
9,085	5,312 82658	3706	2,879184	9926	9,541	20	9,697905	25	2,401	10
9,090	5,312 78952	3791	2,889110	9925	9,561	20	9,697880	25	2,411	10
9,095	5,312 75161	3879	2,899035	9923	9,581	19	9,697855	26	2,421	10
9,100	5,312 71282		2,908958		9,600		9,697829		2,431	

Druckfehler.

Seite 72 Zeile 3 von unten ist für $(b' + c' - a')$ zu setzen: $(b' + c' - 2a')$.
 103   -   8   -   - ist für §. 25 zu setzen: §. 26.
 104   -   3 von oben ist für Centrum des Haliometers zu setzen: Centrum der Kuppel.

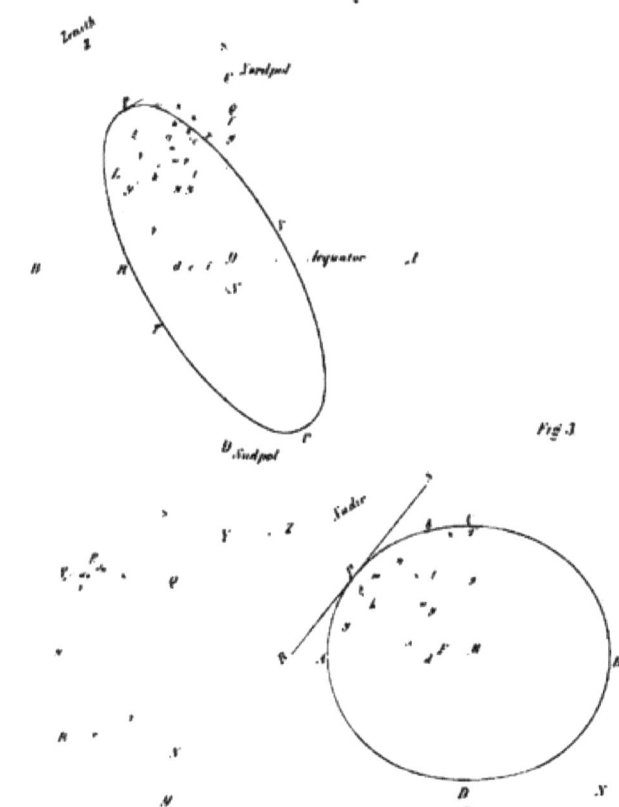

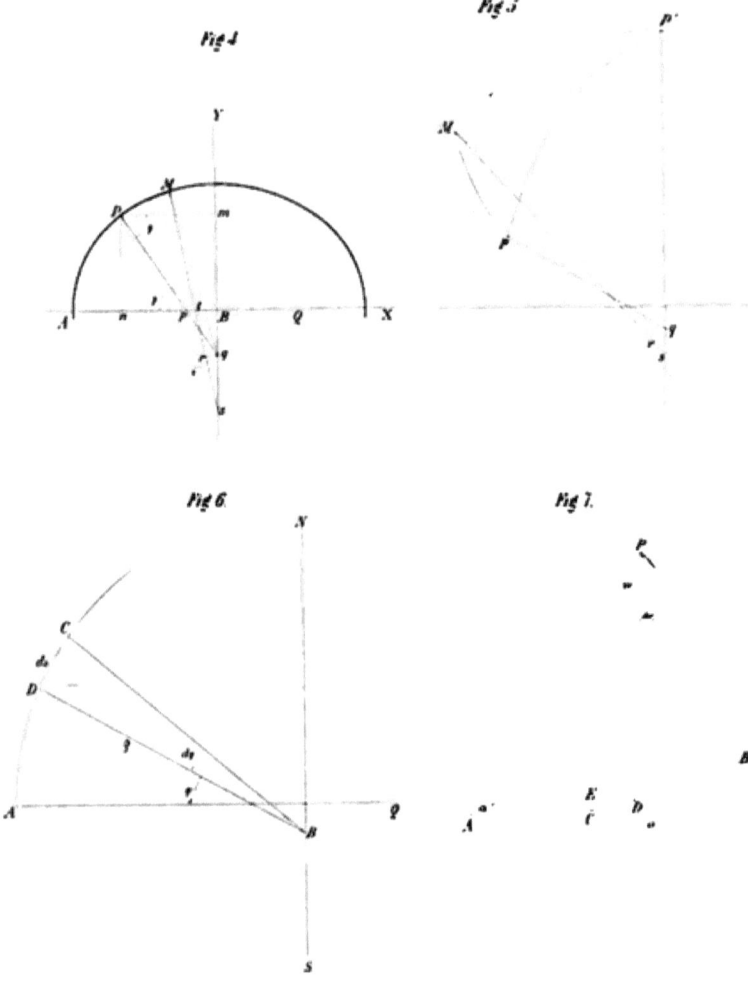

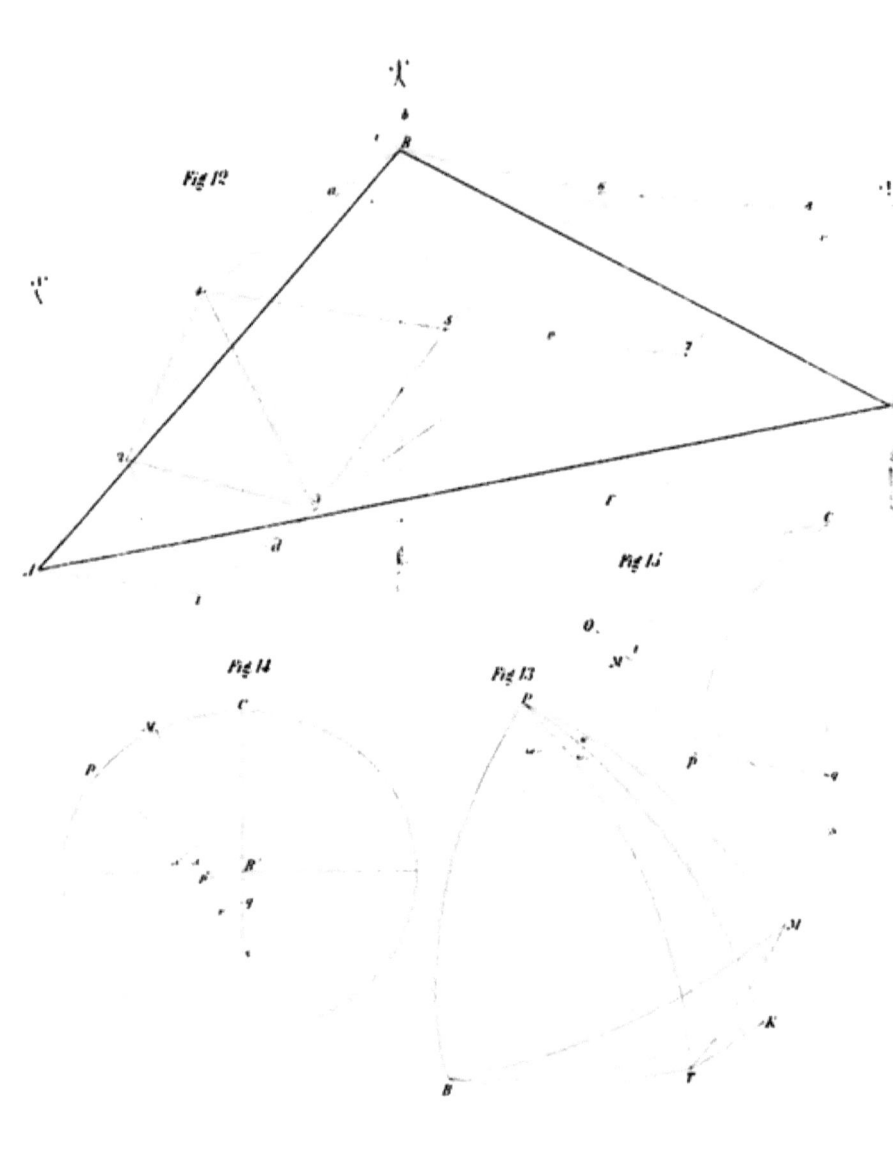